人生
살아보니 뭐 있나요?

웃음과 눈물, 신앙과 삶이 빚어낸 한 사람의 기록

전호춘 지음

人生
살아보니 뭐 있나요?

웃음과 눈물,
신앙과 삶이 빚어낸
한 사람의 기록

전호춘의 인생 여정 이야기

프롤로그

꿈을 현실로

📝 중학교 시절, 언젠가 글을 써서 책을 내 보겠다는 막연한 꿈을 품었습니다. 그때는 작가라는 직업이 얼마나 먼 세상 이야기인지도 몰랐지만, 마음 한켠에 작은 불씨처럼 남아있던 그 꿈이 이제 60대 중반을 넘긴 지금, 비로소 현실이 되려 합니다.

올해 봄은 유난히 늦었습니다. 4월 초에도 우박이 내리고 찬바람이 불어와 과연 봄기운을 느낄 수 있을까 싶었지만, 자연은 어느새 개나리, 진달래, 철쭉을 피워냈고, 연산홍도 붉게 물들었습니다. 산자락에는 연둣빛 새순이 올라와, 마치 초록 물감을 풀어놓은 듯 산뜻하게 채워지고 있습니다.

하지만 우리 사회의 계절은 아직 봄이 오기엔 이른 듯합니다. 비상계엄 논란과 대통령 탄핵, 미국과의 관세 전쟁 등으로 혼란과 불안이 계속되고, 뉴스에서는 좀처럼 웃을 거리조차 찾기 힘든 시절입니다.

이런 시국에 자서전을 낸다는 것이 과연 어울릴까 하는 망설임도 있었습니다. 자서전은 정치인이나 유명 인사들이나 쓰는 것이라 여겨왔으니까요. 하지만 이 책은 그런 자서전과는 다릅니다.

5대째 종갓집 종손으로 태어나, 남들보다 먼저 술을 배운 탓에 저질렀던 실수들, 개구쟁이 시절의 유쾌한 에피소드, 강원도 철원에서 보낸 3년간의 군 생활, 그리고 천진·말레이시아·멕시코·헝가리·독일 등 해외 플랜트 건설 현장에서 겪은 좌충우돌의 이야기까지, 때로는 웃기고 때로는 눈물 나는 '저만의 인생 만화책' 같은 기록입니다.

읽다 보면 '이거 내 얘기 같은데?' 싶은 대목이 있을지도 모르겠습니다. 인생이 영화라면, 제 인생은 다큐멘터리보다는 약간의 '코믹 드라마'에 가깝습니다. 심오한 철학도, 거창한 주제도 담지 않았습니다. 하지만 60여 년간의 삶에서 얻은 소소한 교훈과 따뜻한 울림이 독자 여러분의 마음 한켠에 작은 파장을 남긴다면, 그것으로 충분합니다.

이 책의 삽화를 흔쾌히 맡아준 삼성SDI 후배 심영철의 딸, 웹툰 작가 심성은 님 덕분에 부족한 제 글이 시각적으로 더 풍성해졌고, 이 자서전은 제게도 더욱 특별한 의미로 다가왔습니다.

또한 출판 기획 과정에서 아낌없는 조언을 건네준 유일에너테크의 최범수 작가님께도 깊이 감사드립니다.

이제, 저의 이야기를 들려드리겠습니다.

목차

- 프롤로그 – 꿈을 현실로   4

제1장
한서울의 개구쟁이 소년

스님은 붙이고, 목사님은 떼고	16
유일하게 점괘가 안 나오는 큰손녀	18
단감나무에 묶인 장손	20
친구 종석이를 왕따시키다	25
여름밤, 수박밭의 추억	27
칡뿌리와 호크 미사일 기지	31
계중에 동난 막걸리	33
별들의 고향과 친구와의 이별	36
쌍둥이 동생의 무모한 도전	40
망년회와 망둥어	42

제2장

해운대와 송정 바닷가

할머니를 그리며 눈물짓다	46
홍합탕 먹고 걸어가자	48
송정 바닷가의 수치	50
부러진 쇠톱 날을 갈던 친구	52
'주가(株価)'밖에 할 말이 없던 만남	54
맨손으로 벼멸구 약을 치다	56
한산도 친구 집에 갔다가 삼성에 입사하다	58

제3장

신불산 아래에 깃들다

빨간 버스에서 내린 가천리	62
기숙사 다다미방의 발 냄새	64
친구의 십이지장궤양에 원인을 제공하다	65
방기 할머니의 한마디	66
난생처음 국수 삶기	68
방기 다리 밑으로 떨어지다	69
공사 감독과 막걸리	70
대해집과 백의의 천사	72

제4장
철원군 관인면

처음 듣는 대남 방송	76
사수의 전역과 오바이트	78
한겨울 추위에도 강한 이유	80
네가 병장 달았으면 다가?	82
새벽마다 괴롭히는 후임병들	84
말뚝 박아라, 군대 체질이다	86
보안대의 호출	88
눈물의 전역식	90
초병 수칙과 전략적 사고	92

제5장
다시 신불산 아래로 복귀

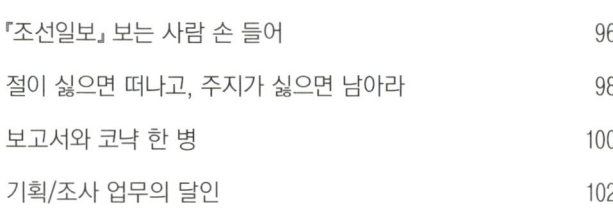

『조선일보』 보는 사람 손 들어	96
절이 싫으면 떠나고, 주지가 싫으면 남아라	98
보고서와 코냑 한 병	100
기획/조사 업무의 달인	102
손톱깎이와 과도	104

멍게와 서울 아가씨	106
내가 가니 너도 가자	109
카드 사용자 랭킹 5위	111
샴푸인가 로션인가	113
이틀 만에 설비 입고	116
학록대사의 내공	118

제6장

붉은 수수밭, 도원결의

공작 거점과 공작금	124
만리장성도 한두 번	126
탁구도 과하면 목발 신세	129
천진 온천빈관의 도원결의	131
중국어는 몸으로 배우는 게 지름길?	133
산동성 출신 무림 고수의 결투	135
북경 오도리(새우) 24마리	138
옥수수밭에 물 채우기	141
장백산에 영역 표시하기	143
IMF의 눈물	145

제7장

출석 교인을 내쫓다

전도는 커녕 출석 교인을 쫓아내다니	150
술김에 한 말을 진짜로 믿나?	152
식판에 음식 담아놓고 왜 나가?	155
영어 발음 때문에 배고프다	157
죄 짐 맡은 우리 구주	159
심야의 경찰 에스코트	161

제8장

눈 오는 밤에 인생을 생각하다

함부르크에서 부다페스트까지	166
베를린의 잠 못 이루는 밤	168
다뉴브 강을 오염시키다	171
내 Golf 차는 어디에 있나요?	173
비싼 에그 프라이	175
법인장을 따르라	177
설비업자로 생각해 달라	179
독일 아우토반에서 구사일생	181
가족 W/S와 경영계획	183

제9장
둥지를 떠나서 세상으로

임원 숙소에서 한 달 동거하기	188
천안 KTX역의 회한	190
노병의 마지막 해외 출장	193
몽블랑 만년필과 투미 가방	197
대단한 후배들	199
정문 밖까지 배웅	201
미 서부에 늦게 가다	203

제10장
인생 제2라운드

중소기업에서 2라운드를 시작하다	208
2개월 동안의 화장실 청소	210
이 일을 왜 하나요?	212
헝가리에서 중국 사천성으로	214
애틀랜타 CNN과 코카콜라	216
코스닥 상장과 대주주	218
임원의 역할	220
회사에서 마지막 숙제	222

인생의 버킷리스트　　　　　　　　　　　　　224

선교사 30명 후원이라는 인생의 기도 제목　　　228

제11장

자작시

한서울, 2022년 3월　　　　　　　　　　　　232

- 에필로그　　235

제1장

한서울의
개구쟁이 소년

:: 스님은 붙이고 목사님은 떼고
:: 유일하게 점괘가 안나오는 손녀
:: 단감 나무에 묶인 장손
:: 친구 종석이를 왕따 시키다
:: 여름밤, 수박밭의 추억
:: 칡뿌리와 호크 미사일 기지
:: 계중에 동난 막걸리
:: 별들의 고향과 친구와의 이별
:: 쌍둥이 동생의 무모한 도전
:: 망년회와 망둥어

스님은 붙이고,
목사님은 떼고

저는 5대조 할아버지 때부터 이어져 온 종갓집에서 3남 3녀 중 장남으로 태어났습니다.

제가 자란 동네는 '신장부락'이라 불렸는데, '한서울*'이나 '서당골'이라는 별칭으로도 불리곤 했습니다. '한서울'이라는 이름의 유래는 잘 알지 못하지만, '서당골'이라는 이름은 증조부께서 서당의 훈장님으로 계셨던 데서 비롯된 것이라 들었습니다.

할머니께서는 독실한 불교 신자이셨습니다. 절기마다 절에 다니셨고, 설날이나 추석 같은 명절에는 제사를 지내기 전 정화수를 한 사발 떠 장독대 위에 떡시루를 올려놓고 치성을 드리시는 모습을 자주 목격하곤 했습니다.

옛날에는 종갓집에서 모든 기제사를 모셨기에 매달 제삿날이 있었고, 특별한 간식거리가 귀하던 그 시절, 제삿날은 어린 제게 은근히 기다려지는 날이기도 했습니다.

초등학교 시절, 우리 집안에서 유일하게 교회에 다니던 사람은 중·고등학교를 미션스쿨에 다닌 누나였습니다. 유교와 불교가 깊게

---

* '한서울'은 전라북도 군산시 옥구읍 오곡리에 위치한 마을로, '한서울' 또는 '한서을'로도 불립니다. 이 마을 이름의 유래는 정확하게 알려지지 않았지만, '한'은 '크다' 또는 '넓다'의 의미를, '서울'은 '마을'을 뜻하는 옛말로 해석되어 '큰 마을' 또는 '중심 마을'을 의미했을 가능성이 있습니다. 또한 이 지역이 예로부터 교통의 요지로서 중요한 역할을 했기 때문에 '한서울'이라는 이름이 붙었을 것으로 추정됩니다. (챗봇 발췌)

뿌리내린 종갓집에서, 큰손녀인 누나가 교회에 다닐 수 있도록 허락받았던 일이 지금 생각하면 참 의아할 따름입니다. 하지만 종교적 갈등은 해마다 반복되었습니다.

할머니께서 절에 다녀오신 뒤 가져오신 부적을 문지방 위에 붙이시면, 며칠 지나 교회 목사님이 대심방을 오셔서 "왜 이런 미신을 믿느냐"며 부적을 떼어내는 일이 다반사였습니다.

이런 실랑이가 거듭되는 가운데, 누나의 끈질긴 전도로 6남매 모두 교회를 다니게 되었고, 이후로는 부적도 더 이상 문지방 위에 붙지 않게 되었습니다.

유일하게 점괘가 안 나오는
큰손녀

🖋 예전 농촌에서는 겨울철 농한기나 설이 지나 새해가 밝으면, 한 해의 신수와 생사화복이 궁금해 점을 보는 풍습이 있었습니다. 우리 마을에서는 집이 넓고, 머슴을 둘 정도로 전답이 넉넉한 집이 몇 안 되었는데, 그중 하나가 우리 집이었습니다. 그래서인지 해마다 그즈음이면 동네 어른들이 우리 집에 모여 돌아가며 점을 보곤 했습니다.

앞장에서 소개했듯, 우리 집에서는 유일하게 저의 누나가 교회에 다니고 있었는데, 신기하게도 점을 보던 할머니 점쟁이가 누나의 사주팔자*를 넣자 점괘가 나오지 않는다고 하셨습니다. 그러더니 혹시 손녀가 다른 종교를 믿고 있는 건 아니냐고 물으셨고, 할머니께서 "교회에 다닌다"고 대답하셨던 것으로 기억합니다.

그 말을 들은 동네 어른들은 모두 "아하, 그래서 점괘가 안 나왔구나!" 하고는, 그 점쟁이 할머니를 용하다고 칭찬했습니다.

당시 저는 아직 교회에 다니지 않아서인지 제 점괘는 나왔던 것으로 기억하는데, 정확히 어떤 내용이었는지는 잘 떠오르지 않습니다.

---

* 사주팔자(四柱八字)에서 **사주(四柱)**란 사람이 태어난 연(년), 월(월), 일(일), 시(시) 네 가지 기둥을 의미합니다. 사주를 구성하는 네 개의 기둥(연주, 월주, 일주, 시주) 각각에는 **천간(天干)**과 **지지(地支)**가 배치되는데, 이를 모두 합하면 여덟 글자가 되어 **팔자(八字)**라고 합니다. 즉, 사주는 태어난 연월일시를 의미하며, 팔자는 그 사주를 구성하는 여덟 글자를 뜻합니다. 사주팔자는 이를 통해 개인의 타고난 운명과 성격, 인생의 흐름을 분석하는 동양 철학의 한 분야입니다. (챗봇 발췌)

아무튼 지금은 인간의 생사화복을 주관하시는 분이 하나님이라는 것을 믿고 있습니다. 그리고 그때 경험을 통해 신앙심이 깊으면 점쟁이조차 그것을 알아채고 점괘가 나오지 않는다는 사실을 알게 되었습니다.

단감나무에 묶인
장촌

　　　　　　🖋 지금으로부터 약 50년 전, 꿈 많던 중학교 2학년 늦가을에 제 인생에서 가장 치욕스러운 사건을 겪었습니다.

　당시 제가 살던 시골 마을에서 면 소재지에 있는 중학교까지는 약 4km 거리였습니다. 아직 시내버스가 다니지 않아 매일 걸어서 통학했지요. 친구들과 어울려 통학길에 무, 고구마, 참외, 복숭아 등을 몰래 서리해 먹는 일도 가끔 있었습니다.

　그날은 토요일 오후, 친구 광진이와 제가 일주일 동안 주변을 맡아 교실 청소를 끝내고 집으로 돌아가던 길이었습니다. 광진이는 조심스레 말했습니다.

　"나만 아는 비밀인데, 옆 동네 다기부락 정순이네 마당에 있는 단감이 그렇게 맛있대. 며칠 전엔 종석이랑 시현이가 몰래 따먹었다더라. 우리도 오늘 가자."

　저는 망설였습니다.

　"그 집 삼촌이 계시면 붙잡힐 수도 있어. 게다가 우리 할머니랑 그 집 할머니는 잘 아는 사이야. 걸리면 바로 집으로 연락 갈 거야."

　그러자 광진이는 괜찮다며 설득했습니다.

　"삼촌은 해병대에 입대해서 지금 집에 없어. 정순이랑 할머니 둘만 계시니까 걱정할 거 없어."

망설이는 저를 향해 그는 한 가지 묘책을 내놓았습니다. "마당 우물 옆에 단감나무가 있는데, 내가 단감을 따는 동안 너는 두레박으로 우물물을 퍼 올리는 척해. 혹시 걸리면 너는 우물물만 길었다고 하면 돼. 단감은 내가 땄으니 책임은 내가 질게."

솔깃한 제안에 결국 저는 광진이의 말을 믿고 함께 정순이네 집으로 향했습니다.

마당에 도착하자 저는 먼저 인기척을 확인하고, 아무도 없는 것을 확인한 후 우물에 두레박을 내렸습니다. 광진이는 단감을 따서 책가방에 조심스레 담고 있었습니다.

그때였습니다.

"야, 이놈들아! 꼼짝 마라!"

천둥 같은 고함 소리에 몸이 굳어버렸습니다. 퍼 올리던 두레박은 손에 쥔 채 멈췄고, 광진이는 책가방을 들고 칼 루이스처럼 집 밖으로 달아나 버렸습니다.

화장실에서 막 나온 정순이 삼촌은 허둥대느라 광진이를 잡지 못하고, 결국 저만 붙잡히고 말았습니다.

삼촌은 다짜고짜 말했습니다.

"어제 휴가 나와서 보니, 어머니께서 단감이 자꾸 없어진다고 하더라. 니들이었구만. 빨리 네 친구 잡아와라. 그럼 넌 용서해 주마."

광진이를 찾아 주변을 둘러봤지만, 이미 그는 흔적도 없이 사라진 뒤였습니다. 결국 삼촌은 다시 협박했습니다.

"좋아, 그러면 둘 중 하나를 골라. 여기 있는 야구 방망이로 20대를 맞을래, 아니면 저 단감나무에 묶여있을래?"

저는 머릿속이 복잡해졌습니다. 해병대 출신 삼촌의 팔뚝을 보니 20대를 맞으면 무사할 것 같지 않았습니다. 하지만 단감나무에 묶여 있으면 지나가는 사람들 눈에 띄어 창피를 당할 것이 뻔했습니다.

게다가 다음 주면 영어 월말고사가 있었는데, '통치'라는 별명을 가진 영어 선생님은 시험 성적이 70점 미만인 학생을 교탁 앞으로 불러 바지를 내리고 가죽 구두로 엉덩이를 때렸습니다.

당시 저의 영어 실력으로 봐선 또 맞을 가능성이 컸습니다.

고민 끝에 저는 생각했습니다.

'단감나무에 묶이는 창피는 순간이지만, 엉덩이는 두 번 맞으면 진짜 큰일 난다.'

용기를 내어 말했습니다.

"단감나무에 묶이겠습니다."

정순이 삼촌은 죄인을 결박하듯 저를 묶었고, 단감 하나를 따서 제 입에 물려놓기까지 했습니다. 저는 그 자리에서 눈물을 흘릴 수밖에 없었습니다.

모든 책임을 지겠다던 약속을 저버리고 도망간, 배신자 친구에 대한 분노와 억울함, 그리고 우리 집에는 왜 단감나무가 없어서 이런 수모를 당해야 하나 하는 서러움까지 복잡한 감정이 뒤엉켰습니다.

그때, 어디선가 여학생들의 웃음소리가 들려왔습니다.

기도하는 심정으로 고개를 숙였지만, 소용없었습니다.

동네 숙자 누나와 춘자가 합창단 연습을 마치고 귀가하던 길이었습니다.

춘자가 소리쳤습니다.

"숙자 언니, 저기 감나무에 묶여있는 애 누구야? 옆집 호춘이 아냐? 빨리 가서 할머니한테 알려야겠다!"

저는 속으로 울부짖었습니다.

'아, 제발 그냥 지나가라…. 쪽팔려 죽겠다!'

특히 춘자는 어릴 적부터 '신랑 각시' 소리를 듣던 사이라서 더욱 치욕스러웠습니다.

한참이 지나 해가 저물 무렵, 정순이네 할머니가 밭일을 마치고 집으로 돌아오셨습니다.

할머니는 깜짝 놀라 물었습니다.

"오매, 이게 누구여? 한서울 뒷새집 큰손자 아녀? 니가 왜 여기에 묶여있냐?"

삼촌이 머쓱하게 설명하자, 할머니는 손사래를 치며 말씀하셨습니다.

"이 애가 어떤 애인지 알면서 그랬다냐. 얼른 풀어줘야 쓰겄다."

그렇게 저는 풀려났고, 할머니는 단감 몇 개를 제 가방에 넣어주시며 집으로 돌아가라고 하셨습니다.

동네 어귀에 들어서자, 우리 할머니가 곰방대를 휘날리며 달려오셨습니다.

"아가야, 아픈 데는 없냐? 어떤 놈이여? 금쪽같은 장손을 단감나무에 묶어?"

그날 저희 할머니는 당장 그 집에 쳐들어가 복수하겠다고 하셨지만, 저는 간신히 설득했습니다.

"할머니, 제가 잘못했습니다. 그 집 할머니가 단감도 주셨어요."

그날 저녁, 밥상머리에서 저는 아버지께 조심스레 물었습니다.

"아버지, 왜 우리 집에는 단감나무가 없어요?"

아버지는 웃으며 말씀하셨습니다.

"밥이나 먹어라, 이놈아."

그러자 할머니가 덧붙이셨습니다.

"거, 내년 봄엔 단감나무 몇 그루 심어야 쓰겄다. 아그들이 얼마나 먹고 싶으면 남의 집 단감을 손댔겄냐."

그리하여 다음 해 봄, 아버지는 집 담장 밑과 밭가에 단감나무를 여러 그루 심으셨고, 해마다 단감이 가지를 축 늘어뜨리며 풍성하게 열렸습니다.

지금은 할머니, 부모님 모두 세상을 떠나셨고, 고향 집 또한 남의 손에 넘어가 버렸습니다.

하지만 그 시절, 단감나무에 묶였던 기억만은 여전히 제 가슴 속에 선명히 남아있습니다.

친구 종석이를
왕따시키다

🖋 초등학교와 중학교 시절, 우리 동네에는 저와 같은 또래 친구들이 12명이나 있었습니다. 그중에서도 저는 종석이와 특히 친했습니다. 매일 4km에 이르는 등하굣길을 여러 친구들과 함께 재잘거리며 걸어 다녔지요.

그런데 언제부터인가, 정확한 시기는 기억나지 않지만, 종석이를 놀리는 것이 자연스럽게 우리의 놀이가 되어버렸습니다.

어떤 날은 입은 옷 색깔을 가지고 놀리고, 또 어떤 날은 기말고사 시험 점수를 빌미로 종석이를 '멍청하다'며 놀려댔습니다.

처음에는 장난처럼 시작한 일이었지만, 점점 종석이는 우리와 어울리는 것을 꺼리게 되었습니다.

얼마 지나지 않아, 하굣길에 딱히 재미있는 일이 없던 우리는 심심함을 달래려 또 종석이를 괴롭히기 시작했습니다. 눈에 띄지 않는 길목에 몰래 숨어있다가, 혼자 오는 종석이를 놀려대는 식이었습니다.

물론 요즘 뉴스에 가끔 등장하는 심각한 학교폭력처럼 돈을 빼앗거나 폭력을 행사한 것은 아니었습니다.

하지만 돌이켜보면, 철없던 우리는 그것이 누군가의 마음에 깊은 상처를 남길 수 있다는 사실을 전혀 몰랐습니다. 그때의 우리 행동은 분명한 집단 따돌림이었고, 종석이는 조용히 아파하고 있었던 것입니다.

종석이는 당시 가수 진미령이 부른 「소녀와 가로등」을 참 좋아해서, 종종 혼자 노래를 부르곤 했습니다. 그 순수했던 모습을 떠올릴 때마다 마음이 아픕니다.

이제는 그 종석이를 더 이상 만날 수 없게 되었습니다.

성인이 된 후, 종석이는 주식 투자 실패로 큰 어려움을 겪었고, 약 20여 년 전, 그가 살던 아파트 근처 야산에서 농약을 마시고 세상을 떠났다는 비보를 듣게 되었습니다.

장례식을 마친 뒤, 그의 어린 자녀들을 대신해 제가 면사무소에 가서 사망신고를 했습니다.

사망신고서에 이름을 적으려던 순간, 눈물이 앞을 가려 발걸음을 옮길 수조차 없었습니다.

이 자리를 빌려, 고인이 된 친구 종석이에게 진심으로 사과의 마음을 전하고자 합니다.

철없던 시절, 나도 모르게 가슴에 아픔을 남긴 것에 대해….

미안하다, 종석아.

여름밤,
수박밭의 추억

요즘 초등학생들은 학교를 다녀오면 학원에 가거나, 체육관에 다니거나, 오락실에 가는 것이 일상이라고 합니다.

하지만 제가 초등학교에 다니던 1970년대에는 전혀 달랐습니다.

그 시절 우리의 놀이는 구슬치기, 딱지치기, 자치기, 나이 먹기, 술래잡기 같은 전통 놀이들이 전부였습니다.

여름철이면 동네 저수지에 가서 멱을 감거나, 개구리를 잡아 뒷다리를 삶아 먹기도 하고, 작은 물고기를 잡는 것이 하루 일과가 되곤 했습니다.

간식거리 역시 지금처럼 가게에 가서 과자를 사 먹는 일은 드물었습니다. 읍내에 사는 부잣집 아이들이나 가능한 일이었지요. 대부분의 농촌 아이들은 산과 들을 누비며 직접 먹을거리를 찾아야 했습니다.

그날도 여름방학이 시작되어 늦잠을 늘어지게 자고 있었습니다. 마땅히 놀 것도 없어 집 마당에서 누렁이 강아지와 시간을 보내고 있는데, 옆집에 사는 종득이가 찾아왔습니다.

"형, 뭐 해?"

"그냥…. 심심해."

종득이는 눈을 반짝이며 물었습니다.

"오늘 저녁밥 먹고 시간 돼? 같이 갈 데 있는데."

딱히 다른 일이 없던 저는 고개를 끄덕였고, 종득이는 신이 나서 수박 서리를 제안했습니다.

목표는 동네에서 유일하게 수박 농사를 크게 짓는 전병고 아저씨의 수박밭이었습니다. 공교롭게도 그 아저씨는 우리 아버지의 친구분이기도 했습니다.

비밀을 지키기 위해 작전 멤버는 최소한으로, 저와 동생, 종득이 세 명만 참여하기로 했습니다.

야간 감시 초소의 위치 파악, 이동 경로, 수박을 숨길 장소까지 철저하게 계획을 세운 뒤 거사를 결행했습니다.

어스름한 달빛을 조명 삼아, 지형지물을 이용해 낮은 포복으로 이동하며 마치 군사 작전처럼 진행했습니다.

우리는 무사히 수박 서리에 성공해, 약 20통 정도를 따서 친구 미영이네 집 옆 계곡에 숨겼습니다.

그 후 매일 한 통씩 꺼내와 설탕처럼 달콤한 수박 파티를 벌이며 여름방학을 만끽했습니다.

얼마나 행복했던지, 얼굴에 웃음기가 떠나지 않아 친구들이 "집에 무슨 좋은 일 있냐"고 물을 정도였지만, 우리는 비밀을 철저히 지켰습니다.

그러나 며칠 뒤 문제가 생겼습니다.

장맛비가 계속 내리면서 계곡물이 불어나 숨겨놓은 수박이 저수지까지 떠내려간 것입니다. 그 모습을 본 수박밭 주인 아저씨는 단번에 윗동네 아이들이 범인일 것이라 확신했습니다.

아저씨는 옆집에 사는 대봉이 형에게 "범인만 잡아주면 그해 여름 내내 수박을 배 터지게 먹게 해주겠다"는 솔깃한 제안을 했습니다. 평소 수박밭을 지나치며 군침을 삼키던 대봉이 형은 망설임 없이 수락했고, 곧 수박 서리범 색출 작전이 시작되었습니다.

저와 동생은 산 너머 외갓집에 다녀왔다고 둘러댔지만, 마음 약한 종득이는 대봉이 형의 꼬임에 넘어가 결국 모든 계획을 실토하고 말았습니다.

나중에 들은 이야기지만, 수박밭에서는 따먹힌 수박보다, 서리 과정에서 넝쿨이 밟히며 생긴 피해가 훨씬 심각했습니다. 작은 수박들이 자라기도 전에 영양이 끊겨 수확을 포기해야 했던 것입니다.

수박밭 주인의 방문을 받은 아버지는 "애들이 장난삼아 그런 것을 가지고 무슨 변상까지 요구하느냐"며 한바탕 실랑이를 벌이셨고, 결국 "알아서 하라"는 말만 남기셨습니다.

그 후로 우리는 매일 수박밭에 끌려가 풀을 뽑으며 일주일 넘게 강제 노역을 해야 했습니다.

그때는 왜 우리 집에는 수박밭이 없는지 엄마 아빠를 원망하기도 했습니다.

대봉이 형은 사실 집안 촌수로는 아저씨뻘이었지만, 그 뒤로는 학교에서도 서로 모르는 척 지냈습니다.

그때는 마음속으로 많이 원망했지만, 지금은 대봉이 아저씨께 이 자리를 빌려 미안한 마음을 전하고 싶습니다.

어린 시절, 순수했던 우리의 여름밤.

서툴고 철없던 그 시절을 떠올리며, 고개 숙여 사과합니다.

칡뿌리와
호크 미사일 기지

🌿 제가 살던 마을에는 1960년대부터 주한 미군이 운영하는 지대공 호크(Hawk) 미사일 기지가 있었습니다.

염전산 꼭대기에 자리 잡은 이 기지는 군산 비행장에 접근하는 적 전투기를 격추시키기 위한 요새로 알려져 있었지요.

지금은 노후화로 인해 국산 천궁 미사일로 단계적으로 교체되었고, 미군은 철수한 채 한국 공군이 운영하고 있습니다.

당시 이 미사일 기지는 산비탈을 깎아 만든 터라, 주변에는 토사 유출을 막기 위해 칡넝쿨을 촘촘히 심어놓았습니다. 그리고 산 전체는 이중 철조망으로 빽빽하게 둘러싸여 있었습니다.

겨울이면 변변한 간식거리 하나 없던 우리 동네 아이들은, 그 군사 시설이 있는 염전산을 우리의 놀이터 삼아 삼삼오오 몰려들었습니다. 철조망 한쪽에 뚫어놓은 작은 개구멍을 통해, 마치 제집 드나들듯 미사일 기지 안팎을 넘나들며 칡뿌리를 캐곤 했습니다.

싸락눈이 제법 세차게 흩날리던 어느 겨울날, 우리는 호미와 곡괭이를 들고 7부 능선까지 올라갔습니다.

꽁꽁 언 땅을 힘겹게 파헤치며 칡뿌리를 캐던 그때, 갑자기 위쪽 철조망 너머에서 영어로 외치는 소리가 들려왔습니다.

우리는 잽싸게 철조망 개구멍을 통해 산 아래로 도망쳤고, 다행히

한 사람도 붙잡히지 않았습니다.

하지만 진짜 문제는 그다음이었습니다.

미군들이 지프차를 타고 우리 마을까지 쫓아 내려왔던 것입니다.

동네 집집마다 범인을 찾으러 다니던 미군들은 몇몇 형들을 붙잡아 차에 태우는 광경을 우리는 멀리서 지켜봐야 했습니다.

다행히 우리는 반대편 산으로 도망쳐 큰 화를 면했지만, 그날 저녁 마을 회관에서는 이장님의 호출이 있었습니다.

"너희들 때문에 동네 형들이 미군한테 끌려가서 큰 곤욕을 치렀다. 앞으로 다시는 미사일 기지 근처에 얼씬도 하지 마라. 또다시 붙잡히면 미군 헌병대에 끌려가도 구해줄 수 없다!"

이장님의 단호한 경고에 아이들은 모두 풀이 죽었습니다.

지금 생각하면, 그 추운 겨울날에 돈을 준다고 해도 하지 않을 일을, 그때 우리는 무슨 용기와 배짱으로 했는지 그저 쓴웃음만 나옵니다.

당시엔 '특급 군사시설'이라는 사실조차 실감하지 못하고, 그저 칡뿌리에 눈이 멀어 위험을 무릅썼던, 철없던 시절이었습니다.

이제는 그 기지에서 미군은 모두 철수하고, 한국 공군이 그 자리를 대신 지키고 있습니다.

세월은 그렇게, 조용히 많은 것들을 바꾸어 놓았습니다.

계중에 동난
막걸리

제가 초등학교에 다니던 시절, 매년 5월이면 부모님 친구들이 친목계 모임을 가졌습니다.

모임은 회원들 집을 돌며 열렸고, 그날은 우리 집 차례였습니다.

며칠 전부터 어머니는 손님맞이 준비로 분주하셨고, 나는 설레는 마음으로 그날을 손꼽아 기다렸습니다. 동네 친구들에게도 "점심은 우리 집에서 먹자"고 약속해 두었지요.

참고로 나는 종손으로 태어나 어려서부터 여러 기제사에 참석했는데, 초등학교 5학년 때부터는 제사 후 음복*하라고 어른들이 권하는 술을 무릎 꿇고 받아 마셨습니다.

그렇게 어린 나이에 이미 술맛을 조금씩 알아가기 시작했습니다.

모처럼의 잔칫날, 친구들과 점심을 먹은 후 나는 막걸리 한잔하자며 슬쩍 제안했습니다.

---

* 음복(飮福)**은 제사에서 사용되는 용어로, 제사를 지낸 후 제사에 사용된 음식을 가족들이 나누어 먹는 것을 의미합니다.
  - 음복의 의미
    1) 조상의 은덕을 받음: 조상께 올린 음식(제사 음복)을 나누어 먹음으로써 조상의 복을 함께 받는다는 의미가 있습니다.
    2) 가족의 화합과 결속: 제사가 끝난 후 음복을 하면서 가족들이 함께 음식을 나누고 이야기하며 친목을 다지는 역할을 합니다.
    3) 제사의 마무리 과정: 제사는 음복을 끝으로 마무리되며, 이를 통해 제사의 의미를 완성합니다. 즉, 음복은 단순히 음식을 나누어 먹는 행위가 아니라, 조상의 은혜를 기리고 가족의 유대를 강화하는 중요한 전통적 의식 중 하나입니다. (챗봇 발췌)

2리터짜리 주전자에 막걸리를 담고, 안주 몇 가지를 챙긴 우리는 5대조 할아버지 선산 쪽으로 발걸음을 옮겼습니다. 그곳에는 넓은 비석 돌판이 놓여있어 놀거나 쉬기에 그만이었지요.

선산에 도착한 우리는 한 주전자 가득 담긴 막걸리를 순식간에 해치웠습니다.

얼큰하게 취기가 오르자, 우리는 어른들 흉내를 내며 흘러간 옛노래를 부르고, 젓가락으로 장단을 맞추기까지 했습니다.

그러다 보니 막걸리가 또 그리워졌습니다.

나는 집과 선산을 몇 번이나 오가며 막걸리를 몰래 퍼 나르기 시작했습니다.

그런데, 이게 웬일입니까?

손님상에 오를 막걸리까지 우리가 마셔버린 탓에, 항아리에 가득 차있던 막걸리가 동이 나버린 것입니다.

아버지는 막걸리가 비었다는 소식에 나를 찾으셨지만, 이미 우리는 취해 선산 묘역 돌판에 나뒹굴고 있었습니다.

결국, 동생이 이실직고를 하면서 막걸리 소동의 주범이 나와 친구들이라는 사실이 들통났습니다.

그 뒤의 상황은 솔직히 가물가물합니다.

다만 해가 지고 친목계 모임이 파한 후, 집으로 들어왔을 때 아버지가 화가 나서 회초리를 드셨던 기억은 선명합니다.

어머니는 "어린애에게 술을 가르친 아버지가 잘못"이라며 나를 감싸주었고, 부모님은 내 막걸리 소동을 두고 한동안 말다툼을 하셨습니다.

그날 나는 술을 가르쳐 주었던 아버지가 원망스러웠습니다.

어린 마음에 막걸리 항아리를 비워버린 죄책감보다, 장손이라는 이유로 어른들의 세계에 너무 일찍 끌려들어 간 억울함이 더 컸던 것 같습니다.

별들의 고향과 친구와의
이별

🖉 중학교 2학년 여름방학을 며칠 앞둔 어느 날, 오전에 기말고사가 끝나고 점심시간이 막 지나려 할 때였습니다.

옆자리 짝궁이던 헌주가 나를 조용히 불러 은밀하게 속삭였습니다.

"군산 제일극장에 기가 막힌 영화가 걸렸어. 오늘 오후는 자율학습이니까 땡땡이치고 영화 보러 가자!"

며칠 전, 길거리 전봇대에 붙은 포스터를 나도 얼핏 본 기억이 났습니다.

조금 야한 느낌이 나서 헌주에게 물었습니다.

"그 영화, 미성년자 관람 불가 아냐?"

헌주는 기다렸다는 듯 대답했습니다.

"오늘은 평일이라 검열도 안 나오고, 근처 중국집에 아는 형이 있어. 거기다 교복 맡기고 옷 갈아입으면 문제없어."

정말 영화 「기생충」에 나오는 대사처럼, '너한테는 다 계획이 있구나?' 싶은 순간이었습니다.

나는 버스비도, 영화 티켓 살 돈도 없다고 망설였지만, 헌주는 "다 내가 낸다"며 끈질기게 설득했습니다. 기말고사 때 내가 커닝을 도와준 것에 대한 보답이라면서 말이죠.

결국, 나는 반장에게 "오늘 집에서 보리타작을 도와야 한다"며 거짓말을 하고 학교를 빠져나왔습니다.

그때까지 내가 극장에서 본 영화는 「연산군」, 「성웅 이순신」 같은 역사 영화뿐이었고, 대부분은 초등학교 운동장에서 야간에 상영하는 건전 영화들이었습니다.

그런 나에게, 1974년 5월에 개봉한 「별들의 고향」*은 그야말로 문화적 충격이었습니다.

당시 친구들이 미군 비행장 근처에서 구해온 성인 잡지를 몰래 돌려보긴 했지만, 영화관 스크린에서 전라의 여배우와 베드신을 직접 본 것은 그때가 처음이었습니다.

영화 속에서 간간이 흘러나오는 이장희 씨의 「나그네에게 모두 드리리」를 들으며, 우리는 숨죽이며 별들의 고향을 봤습니다.

속된 말로 정말 '죽여주는' 영화였습니다.

영화를 다 보고 나서는 근처 중국집에서 짜장면을 한 그릇씩 먹고, 다시 교복을 챙겨 입은 뒤 각자 집으로 돌아가려 했습니다.

그런데 헌주가 걸음을 멈추고 말했습니다.

"나 오늘 집에 못 가."

---

* **「별들의 고향」**은 1974년에 개봉한 대한민국 영화로, 최인호 작가의 동명 소설을 원작으로 하고 있습니다. 이 영화는 한국 멜로드라마 영화의 대표작 중 하나로, 당시 사회적 분위기와 젊은이들의 사랑과 방황을 섬세하게 그려내 많은 인기를 끌었습니다.

- 영화 개요
  1) 감독: 이장호
  2) 원작: 최인호의 소설, 『별들의 고향』
  3) 주연: 안인숙, 신성일, 윤일봉
  4) 개봉일: 1974년 5월 3일
  5) 장르: 멜로드라마 (챗봇 발췌)

무슨 일인가 물었더니, 그제야 사실을 털어놓았습니다.

오늘 쓴 영화비, 버스비, 짜장면 값은 3분기 월사금이었다는 것.

부모님이 안 계신 헌주는, 그 돈을 막노동하는 형이 어렵게 마련해준 수업료로 맡겨두었던 것입니다.

헌주는 집에 가면 형에게 맞아 죽을 것 같다고 했고, 하룻밤만 재워달라고 사정했습니다.

하지만 우리 집에는 친구와 함께 잘 방도 없었고, 무엇보다 학교를 땡땡이치고 미성년자 관람 불가 영화를 본 일을 부모님께 들킬까 두려웠습니다. 게다가 친구의 월사금을 허투루 쓴 일까지 더해져, 나는 선뜻 허락할 수 없었습니다.

결국 나는 거절했고, 헌주는 울먹이며 어두운 밤길을 혼자 떠나갔습니다.

그날 이후 헌주와는 다시 만날 수 없었습니다.

한참 뒤, 동네 친구들에게서 들은 이야기로는, 그날 헌주는 형 얼굴을 볼 자신이 없어 서울로 야반도주를 했고, 서울에서 중국집 시다 생활을 하다가 결국 중식 주방장이 되어 돈을 벌었으며, 나중에는 고향 군산에 내려와 중식당을 열었다고 합니다.

지금도 생각합니다.

그날 「별들의 고향」을 보고 돌아와, 차라리 아버지께 솔직히 말씀드리고 헌주의 월사금을 돌려주었더라면 어땠을까?

헌주에게 차갑게 등을 돌렸던 미안함은 아직도 가슴 한구석에 남아있습니다.

아아, 그날 군산 제일극장에 그 영화만 상영되지 않았더라도, 헌주의 인생이 그렇게 험난해지지는 않았을 텐데….

후회가 막심할 따름입니다.

쌍둥이 동생의
무모한 도전

옥구서중학교 4회 졸업생인 필자가 3학년 재학 중에 일어난 사건을 소개합니다. 그때는 매달 월말시험을 보았고, 그 시험 결과를 교내 통학로 옆 게시판에 공지하였습니다.

1등에서 50등까지 석차와 이름이 나와있었는데 저는 그때 나름 열심히 공부해서 반에서는 1등을 도맡아 했으며, 360명 정도인 3학년 전체 석차는 항상 5위 이내로 상위 그룹에 속해 있었습니다. 참고로 학교 졸업 시에 평균 석차는 전교 2등으로 학교장상 표창을 받았습니다.

저에게 쌍둥이 동생이 있었는데, 시험 성적이 저보다는 조금 하위권에 속했습니다.

형한테 계속 뒤처진다는 스트레스 때문이었는지 가을학기 월말고사 시험 성적 결과가 게시판에 붙은 그날에 동생은 본인 이름, 석차가 나타난 칸을 칼로 오려내는 엄청난 사고를 쳤습니다.

이는 개교 이래 처음 일어난 사건으로 학교 전체가 발칵 뒤집혔습니다.

범인 색출은 간단했습니다. 칼로 오려진 이름의 학생이 누군지는 금방 밝혀졌습니다.

동생 담임선생이셨던 전은세 선생님은 아버지와도 친분이 있던 분이셨는데 끓어 오르는 분노를 참을 수 없었는지, 아니면 교장 선생님 지시를 받았는지 알 수 없으나, 동생을 교무실로 호출한 후 오려낸 석차 표를 게시판에서 떼어오라 하셨고, 그것을 동생 등에 붙이고 선생님과 같이 교실마다 조리돌림을 하는 체벌을 가했습니다. 지금도 그 당시 동생의 얼굴이 눈에 선한데 본인 성적에 대한 모멸감, 같은 반 친구들 앞에서의 쪽팔림, 여학생들의 따가운 눈초리 등 만감이 교차해서 눈물로 뒤엉켜진 초라한 모습이 무척 안타까웠습니다.

그 뒤로 우리 형제간의 우애는 더 크게 금이 갔고, 집에서 말도 안 하면서 한참을 그렇게 보냈습니다.

목포해양대를 졸업한 제 동생은 항해사로 첫발을 시작하여 지금은 어엿한 선장으로 자리 잡고, 5대양 6대주를 누비는 대한민국 물류의 선봉장으로 열심히 살고 있습니다.

"동생~ 그때는 나도 철이 없어서 네 아픔을 위로해 주지 못하고 주변 친구들과 네 흉을 보면서 고소해 했는데, 정말 미안하다. 이 자릴 빌려 사과한다. 받아주시게."

망년회와 망둥어

중학교 3학년 겨울방학이 시작될 즈음, 집에서 무료한 시간을 보내는 것이 답답해서 저는 어은리에 있는 외갓집으로 가기로 마음먹었습니다.

외갓집 뒷집에는 저의 절친한 친구인 문점기 친구가 살고 있었고, 그의 집은 동네에서 손꼽을 정도로 부유한 집이었습니다.

친구 집에는 경운기, 탈곡기 등 농기계가 있었고, 그의 아버지는 산탄총을 보유한 엽사로, 겨울철이면 꿩, 비둘기, 토끼 사냥을 하며 동네 사람들로부터 부러움을 사곤 했습니다.

그날은 크리스마스이브였고, 점심을 먹고 점기네 집에 갔더니 친구가 갑자기 "크리스마스 파티를 하자"고 제안했습니다. 저녁이 얼마 남지 않았는데, 그때 어떻게 준비하냐고 물었더니, 친구는 뜻밖에도 "망둥어*를 잡으러 가자"고 말했습니다.

망둥어는 보통 가을에 잡는 물고기라 지금은 없을 텐데, 친구는 자신이 아는 옥구 염전 저수지에서 겨울에도 잡을 수 있다고 했습니다.

친구의 말을 믿고 변변한 도구도 없이 양동이를 들고 저수지에 갔습니다.

친구와 저는 그 추운 날, 맨발로 저수지에 들어가 맨손으로 물속을 뒤졌고, 정말로 망둥어가 있어 대략 열 마리 정도 잡을 수 있었습니다.

지금 생각해 보면, 그야말로 미친 짓이었지만, 그때는 정말 아무 생각 없이 했던 일입니다.

그렇게 잡아온 망둥어를 어떻게 요리할지 고민하던 중, 친구는 회로 버무려 먹자고 제안했습니다.

저는 망둥어는 보통 말려서 구워 먹거나 매운탕을 끓여 먹는다고 생각했는데, 친구의 제안은 너무 생뚱맞아서 어처구니가 없었습니다.

하지만 이미 주도권을 쥔 친구의 말에 따를 수밖에 없었죠.

저녁이 되어 친구들이 하나둘 점기네 집에 모였고, 우리는 막걸리를 사 와서 맛없는 망둥어 회무침을 안주 삼아 이장희 씨의 「그 건너」, 「불 꺼진 창」 등의 유행가를 부르며 즐거운 시간을 보냈습니다.

점기 친구와는 지금은 연락도 끊겼지만, 그 추운 겨울날 맨손으로 망둥어를 잡았던 기억은 여전히 제 뇌리에 선명하게 남아있습니다.

"점기야, 다시 만나면 망둥어 대신 우럭이나 광어회를 먹으면서 회포를 풀자!"

---

* 망둥어는 바닷물고기의 한 종류로, 주로 얕은 바다나 강 하구의 모래 또는 진흙 바닥에서 서식합니다. 몸길이는 보통 10~20cm 정도이며, 길쭉한 몸통과 커다란 눈, 두툼한 입술이 특징입니다. 망둥어는 갯벌에서 잘 서식하며, 물 밖에서도 어느 정도 버틸 수 있는 능력을 가지고 있어 바닥을 기어 다니기도 합니다. 주로 작은 갑각류나 벌레 등을 먹으며 살아가고, 낚시 대상어로도 인기가 많습니다. 한국에서는 **"망둥이"**라는 이름으로도 불리며, 망둥어 매운탕이나 구이로 요리해 먹기도 합니다. (챗봇 발췌)

제1장 한서울의 개구쟁이 소년 | 43

제 2 장

해운대와
송정 바닷가

:: 할머니를 그리며 눈물짓다
:: 홍합탕 먹고 걸어가자
:: 송정 바닷가의 수치
:: 부러진 쇠톱날을 갈던 친구
:: "주가(株價)" 밖에 할 말이 없던 만남
:: 맨손으로 벼멸구 약을 치다
:: 한산도 친구집에 갔다가 삼성에 입사하다

할머니를 그리며
눈물짓다

📝 중학교 졸업 무렵까지 우리 집에는 총 아홉 명이 함께 살았습니다.

방은 세 개였는데, 큰방은 부모님과 막냇동생이, 옆방에는 세 자매가, 그리고 그 전에는 머슴방이 있던 방에서는 할머니와 제가 쌍둥이 동생과 함께 자주 잠을 잤습니다.

그때까지 저는 군산과 옥구를 떠난 적이 거의 없었는데, 초등학교 수학여행에서 장항동 제련소와 아산 현충사를 다녀온 게 처음이었습니다. 그 후 두 번째로 먼 여행은 고등학교 입학식을 위해 군산에서 부산까지 고속버스를 두 번 갈아타고 가는 것이었죠.

부산 해운대에 있는 고등학교에 입학하면서 처음으로 기숙사 생활을 하게 되었고, 6명이 한방을 썼습니다.

부산 사투리는 들을 수 있었지만, 경상도 친구들의 말은 때때로 통역이 필요할 정도였습니다. 다비(양말), 수건포(삽), 조포(두부), 고메(고구마)와 같은 단어들은 처음 듣는 한국어였죠.

부산에 있는 고등학교에 입학한 이유는 가정 형편 때문이었습니다. 동생과 함께 학교에 다니기에는 가정 형편이 어려워, 장남으로서 국비로 운영되는 공업계 국립학교에 입학해 부모님의 부담을 덜어주기 위해서였습니다. 또한 큰외삼촌이 금성사(현 LG그룹) 동래 공장에 기술연구원으로 근무하고 있어서 기댈 곳이 있다고 판단했기 때문입니다.

3학년 담임이셨던 홍순길 선생님은 아버지와 동기 동창이셨고, 저에게 군산에 있는 고등학교에 3년 장학생으로 추천할 테니 실업계 고등학교 입학을 만류하셨지만, 저는 그때의 결정을 굽히지 않았습니다. 지금 생각하면 제 인생의 큰 전환점이었을 수도 있지만, 그때는 그런 아쉬움도 없었습니다.

고등학교 입학 후 처음 6개월은 실습을 위한 ABB(아베베)라는 독일 학교 방식의 수업을 들었습니다. 하루 종일 서서 쇠톱으로 자르고, 줄로 정밀 부품을 가공하는 실습이어서 다리가 붓고 아팠습니다.

'왜 이 고생을 해야 하나?' 싶은 마음에 아버지를 가끔 원망하기도 했습니다. 어느 날 다리에 쥐가 나서 기숙사 방에서 고통스러워하면서, 친구들이 잠을 깨지 않도록 입술을 깨물고, 자상하셨던 할머니의 얼굴을 떠올리며 눈물을 흘렸던 기억이 납니다.

지금도 다리 근육을 많이 쓰면 가끔 쥐가 나는데, 그때의 눈물을 생각하며 가슴이 아려옵니다.

홍합탕 먹고
걸어가자

📎 고등학교 2학년 동안 기숙사에서 생활했고, 3학년이 되면서 자격증을 취득한 학생들은 특별한 사유가 없는 한 기숙사에서 나가야 했습니다. 고민 끝에 저는 부산 송정해수욕장 근처의 자취방을 구해 처음으로 자취생활을 시작하게 되었습니다.

그러나 매달 보내오는 향토 장학금(고향에서 보내주는 생활비)은 넉넉하지 않았고, 생활고를 겪으며 송정역에서 해운대역까지 도둑 열차를 타기도 하고, 종이 승차권을 교묘히 잘라서 장수를 늘려서 버스를 탔습니다.

어느 날 초겨울, 하굣길에 송정 자취생 몇 명이 버스 정류장에서 만났고, 그중 한 명이 제안을 했습니다.

"버스 승차권값을 모아서 해운대 백사장 옆 포차에서 홍합탕과 소주 한잔하고 가자!"

그 당시 소주 한 병은 300원, 홍합탕은 100원으로, 승차권 몇 장을 모으면 대충 금액이 맞았습니다.

우리는 의기투합해 해운대 백사장 주변의 포차에 갔고, 홍합탕 한 그릇과 소주 한 병을 시켜 마셨습니다.

주량이 부족해서 남은 돈을 모두 털어 마시고, 결국 우리는 버스를 타면 15분 거리를 1시간 30분 동안 걸어 해운대에서 송정까지 돌아갔습니다.

지금 생각하면 정말 어처구니없는 행동이었지만, 그 초겨울에 먹었던 구수한 홍합탕 맛은 평생 잊을 수 없습니다.

벌써 40여 년이 지났지만, 그 시절 함께했던 친구들—강문봉, 임이규, 김득환, 장재만— 잘 지내고 있는지, 그 철없던 때가 그리워집니다.

송정 바닷가의
수치

　🖊　송정에서 자취하던 시절, 매주 토요일 저녁에는 특별한 일이 없으면 자취하던 친구들과 송정 백사장에 모여 기타를 치며 젊음을 만끽하곤 했습니다.

그날은 오랜만에 해운대에서 자취하던 친구들도 송정에 놀러 와서, 열 명 남짓한 친구들이 백사장에 모여 앉아 대학 가요제에서 유행했던 샌드페블즈의 「나 어떻게」, 송골매의 「세상 모르고 살았노라」 등의 히트곡을 불렀습니다. 그런데 그때 어둠 속에서 몽둥이를 든 두 사람의 건장한 청년이 나타났습니다. 가까이 보니, 그들은 송정에 사는 기차 통학생들이었습니다.

그들은 "누구 허락받고 송정 바닷가에서 시끄럽게 노래 부르냐?" 하며 큰 소리로 말하며 나왔습니다. "시끄러워서 공부도 못 하겠다"는 이유로 나온 거였죠. 그들은 평소에도 학생복 상의를 풀고 다니는 불량기가 있는 녀석들이라 탐탁지 않게 여겼습니다. 저도 화가 치밀어 "백사장은 니들 전세 낸 곳도 아니고, 왜 시비를 거냐?"라며 따졌습니다.

그런데 그들이 몽둥이를 휘두르며 "이 새끼들 다 그 자리 무릎 꿇고 앉아!"라고 소리쳤습니다. 우리가 대여섯 배나 많았음에도 불구하고, 내 순진한 친구들은 하나둘 백사장 모래밭에 무릎을 꿇었습니다. 누구 하나 주먹 한 번 휘두르지 않고, 두 사람의 몽둥이 앞에서 처절하게 무너졌습니다.

　지금 생각해 보면 그때의 수치심이 여전히 분노로 남아있습니다. 그때 함께 있었던 재만이 친구는 교내 씨름대회에서 과대표로 출전할 정도로 덩치도 컸던 친구인데, 왜 안 나섰는지 이해가 되지 않습니다. 하지만 당시 우리는 타지에서 어렵게 학교에 다니며, 불량기 있는 친구에게 제대로 맞설 용기를 내지 못한 새가슴들이었습니다.

　그때 제가 객기를 부리며 싸움을 키웠다면, 아마 정상적인 학교 졸업이 어려웠을지도 모릅니다. 그러나 그때 받은 수치심은 여전히 씁쓸하게 남아있습니다.

부러진 쇠톱 날을 갈던
친구

고등학교 동기 중에 한산도가 고향인 용수라는 친구가 있었습니다. 저도 실습복을 잘 빨지 않았지만, 그 친구는 유독 기름때가 묻은 실습복을 오랫동안 입고 다녀서 '걸레'라는 별명이 붙었습니다.

고향은 달랐지만, 용수와 저는 자격증 실기시험을 함께 준비하며 우정을 쌓았습니다. 추석 연휴 때에는 용수네 집에 놀러 가서 밤마다 동네 어망을 털어 사시미와 소주를 마시며 친해졌던 친구였습니다.

어느 날, 그 친구가 그라인더로 부러진 톱날을 갈고 있길래, 저는 그 용도가 무엇인지 물었습니다. 그러자 그는 적의에 가득 찬 눈빛으로 "영숙이를 찌르고, 저기도 같이 죽겠다"며 말했습니다. 영숙 씨는 지금은 그의 아내지만, 그때는 다른 남자 친구를 사귀고 있다는 소문을 들었던 모양입니다.

변심한 여자 친구에게 해코지하려는 친구를 보고 있을 수 없어, 저는 그를 설득하기 시작했습니다. 다행히 제 말을 듣고, 그는 위험한 행동을 자제할 수 있었습니다.

그 후, 그 친구는 통영으로 내려가서 꽃게잡이 선주가 되었고, '통영 수협 조합장'도 지내며 잘 지내고 있었습니다. 이제 나이가 들어서인지 그 친구를 다시 만나기 위해 시간을 내서, 남쪽 바다가 보이는 통영에 가고 싶습니다. 그때 칼을 갈던 시절의 추억을 되새기며, 함께 웃을 수 있기를 바랍니다.

'주가(株価)'밖에 할 말이 없던 만남

중학교 2학년쯤, 누나의 전도로 면 소재지에 있는 옥구교회에 다니기 시작했습니다. 그때부터 제삿날에 제사상 앞에서 절을 하지 않게 되었고, 장손임에도 제사를 모시지 않는다는 이유로 어른들로부터 많은 핍박을 받았습니다.

고등학교에 입학하면서는 기숙사에서 멀지 않은 '재건 해운대교회*'에 다니게 되었는데, 이곳은 제가 이전에 다니던 기독교 장로회 소속 교회보다 훨씬 엄격한 교리를 강조하는 곳이었습니다.

예를 들어, 주일(일요일)에는 TV를 보거나 오락을 해서는 안 되고, 물건을 사는 등의 상업 행위도 금지되어 있었습니다. 그래서 교회에서 사용할 물품은 미리 평일에 준비해야 했고, 교회에 오갈 때도 시내버스를 타지 않고 걸어 다녔습니다.

당시 담임목사님의 큰아들은 상업고등학교에 다녔는데, 주일에 예정된 부기 시험을 거부한 탓에 자격증을 따지 못하고 취업도 어려웠

---

* 재건해운대교회는 신사참배 반대 운동으로 평양 감옥에 수감되었던 최덕지 전도사(후일 한국 최초의 여성 목사)가 해방 후 1945년 12월 출옥하여 부산 해운대에 내려와 구태옥 성도의 집에서 첫 예배를 드린 것이 시작입니다. 이후 김복명, 구태옥 가정에서 예배를 이어가다가, 1961년 6월 해운대구 우동 403-5번지로 교회를 이전하였습니다.

 * 다른 장로교 교단과의 차이점
   1) 대한예수교장로회(합동, 통합)보다 더 보수적이며, 세속 문화를 경계하는 경향이 강함
   2) 예배와 신앙생활에서 보다 엄격한 규율을 강조
   3) 성경 해석과 신학적으로 개혁주의적 전통을 철저히 따름 (챗봇 발췌)

다는 이야기가 교회 안팎으로 돌 정도였습니다.

그런 분위기 속에서도 작은 일탈 같은 시간이 있었는데, 어느 토요일 오후, 교회 청소를 마친 뒤 또래 남녀 학생 몇 명이 함께 교회 근처 빵집에 가게 되었습니다.

그때까지만 해도 저는 남자 친구들과 어울려 다니는 데에는 익숙했지만, 여학생들과 함께 시간을 보내는 건 거의 처음이었습니다.

같이 간 친구 득환이와 현웅이는 자연스럽게 여학생들과 이야기를 나눴지만, 저는 도무지 무슨 말을 해야 할지 몰라 말문이 막혔습니다. 어색함을 감추려 누가 누구를 칭찬하면 "주가가 올랐다", 누가 실수하면 "주가가 떨어졌다"는 말만 반복했죠.

그때 여학생 중 한 명인 보경이가 웃으며 말했습니다.

"너는 도대체 주가 얘기밖에 할 줄 모르냐? 무슨 주식을 얼마나 갖고 있다고~."

그 말에 저는 얼굴이 확 붉어졌고, 쥐구멍이라도 있으면 들어가고 싶을 만큼 부끄러웠습니다.

왜 그렇게 말주변이 없었는지, 왜 하필 주가 얘기만 했는지, 지금 생각해도 참 귀엽고도 창피한 추억입니다.

이제는 시간이 많이 흘러 얼굴조차 희미해졌지만, 그 시절의 친구들이 문득 그리워지는 날이 있습니다. 보고 싶습니다.

맨손으로
벼멸구 약을 치다

저희 집안은 5대째 종갓집으로, 천석꾼이나 만석꾼은 아니었지만, 초등학교 5학년 때까지는 머슴이 있을 정도로 먹고살 만한 정도의 전답을 가지고 있었습니다. 그때는 다른 친구들은 경험하지 못한 오리엔트 손목시계를 엄마가 사 주셔서, 친구들의 부러움을 샀던 기억이 납니다.

그런데 가세가 기울었던 이유는 정확히 기억나지 않지만, 나중에 결혼 후 동생에게 들은 이야기에 따르면 할머니가 빚보증을 잘못 서시고, 아버지가 전북대학교 상과대학을 졸업하고도 제대로 된 직업을 가지지 못해 그런 것이라고 이해하게 되었습니다. 참고로, 아버지가 대학을 다닐 당시, 옥구면 전체에서 대학생이 몇 명 안 되었다고 할머니께 들었습니다.

어쨌든 고등학교 2학년 여름방학 때 집에 갔는데, 그해 벼농사에 벼멸구가 심하게 퍼져서 벼가 군데군데 누렇게 시들어 가고 있었습니다. 벼멸구는 벼가 제대로 열매를 맺지 못하게 하고, 결국 농사를 망치게 만듭니다. 보통 이런 농약은 농약 기계로 살포하지만, 그해에는 가루 농약이 없었거나 기계를 빌리지 못했는지, 엄마가 직접 독한 패럿 형태의 멸구약을 뿌리고 있었습니다.

저는 그 모습을 보고, 마스크도 쓰지 않고 멸구약을 다 뿌리겠다고 나섰습니다. 그러나 그 독한 농약을 직접 뿌린 결과, 곧바로 구토가 나오고 어지러움이 생기더군요. 그때 저는 농약을 뿌리는 기계가 없던 집안과 그런 농약을 엄마에게 맡기신 아버지를 원망했습니다. 저는 그때 결심했습니다. '다시 태어나도 내 자식에게는 절대 농사일을 시키지 않겠다'고 맹세하면서요.

지금은 양친이 모두 소천하시고, 고향의 전답도 다른 사람에게 팔렸지만, 그때의 아픈 기억은 여전히 마음 한구석에 깊게 남아있습니다.

한산도 친구 집에 갔다가
삼성에 입사하다

제가 고등학교 3학년이던 1979년 추석, 그날은 10월 3일이었고, 10월 1일이 국군의 날, 10월 9일이 한글날이었기 때문에, 10월 5일과 6일만 학교를 빠지면 9일까지 쉴 수 있는 절호의 연휴가 찾아왔습니다. 그래서 저는 한산도*가 고향인 용수 친구에게 조용히 제안을 했습니다. "학교 졸업 후에는 취직도 해야 하고, 그러면 쉴 시간도 없으니까 이번 기회에 네 집에 놀러 가면 안 되겠냐?"라고요. 용수는 "차비만 해결하면 숙식은 내가 책임지겠다"고 했습니다.

그래서 저는 부모님께는 "이번 추석엔 3학년 실습 때문에 고향에 못 가겠다"고 거짓 편지를 보내 명분을 만들었습니다. 그렇게 난생처음 한산도 섬에 가게 되었고, 제승당이라는 이순신 장군의 기념 사적지를 방문했습니다. 그런데 그곳에서 용수와 저는 장난기가 발동해, 제승당 이정표를 엉뚱한 곳으로 돌려놓고 다른 관광객들이 길을 헤매는 모습을 숲속에서 지켜보며 웃었습니다.

밤에는 다른 어민들이 놓은 자망을 털어, 용수네 집에서 싱싱한 오징어, 아나고, 놀래미 등을 잡아 회를 떠먹고 구워 먹으며 즐거운 시간을 보냈습니다. 꿈같은 추석 연휴가 지나고 학교에 돌아가 보니, 저와 같은 꼼수를 부린 동급생들이 몇 명 더 있었고, 그로 인해 체벌을 피할 수 없었습니다. 훈육 주임 선생님은 아침부터 하루 종일 화장실 청소와 똥 푸기를 시키고, 반성문을 쓰게 하셨습니다.

그 시절 가장 입사하고 싶었던 회사는 대한항공이었습니다. 그러나 추석 연휴 뒤, 원서 접수가 마감되었다는 사실을 알게 되었습니다. 친구 중 일부는 그 후 대한항공에 입사했지만, 저는 한산도에서 즐거운 시간을 보내며 그 기회를 놓쳐버린 것입니다.

다음으로 입사 지원서를 제출할 수 있었던 곳은 삼성그룹이었습니다. 당시 삼성은 재계 3위 정도였고, 그 계열사 중 제일제당, 삼성중공업, 삼성항공, 삼성전관에서 채용 공고가 나왔습니다. 그 당시에는 인터넷이나 네이버, 유튜브 같은 정보망이 없었기 때문에, 저는 '삼성전관'이 어떤 회사인지 구체적으로 알아보지 않고, 단순히 제 전공인 '배관과 전관'이 관련이 있다는 이유로 지원했습니다. 다행히 서류심사와 면접을 통과해 그해 11월에 합격 통지서를 받았고, 삼성에 입사하게 되었습니다.

지금 생각해 보면, 당시 참 어처구니없는 결정이었지만, 그곳에서 제 인생의 큰 전환점을 맞이하고, 청춘을 불살랐던 직장이었습니다.

---

* 한산도에는 충무공 이순신 장군을 기리는 기념시설로 **한산도 제승당(制勝堂)**이 있습니다. 제승당은 임진왜란 당시 이순신 장군이 한산도에 본영(本營)을 두고 삼도수군통제사로서 활약하던 곳입니다. 이곳은 이순신 장군이 학익진 전술을 활용하여 대승을 거둔 **한산대첩(1592년)**이 벌어진 역사적인 장소이기도 합니다.
  ▶ 한산도 제승당의 주요 볼거리
   1) 제승당: 이순신 장군이 전투를 준비하고 지휘했던 곳
   2) 충무사: 이순신 장군의 위패를 모신 사당
   3) 한산대첩비: 한산대첩의 승리를 기리는 비석
   4) 수루(戍樓): 바다를 감시하던 초소 역할을 하던 건물 (챗봇 발췌)

제3장

신불산
아래에 깃들다

:: 빨간 버스에서 내린 가천리
:: 기숙사 다다미방의 발냄새
:: 친구의 십이지궤양에 원인을 제공하다
:: 방기 할머니의 한마디
:: 난생처음 국수 삶기
:: 방기 다리밑으로 떨어지다
:: 공사 감독과 막걸리
:: 대해집과 백의의 천사

빨간 버스에서 내린 가천리

요즘은 삼성SDI 울산 사업장(구 삼성전관 가천공장)을 타지에서 가려면 울산 통도사 KTX역에 내려 택시를 타거나, 부산 노포동 시외버스 터미널에서 직행버스를 타고 통도사신평 버스터미널에서 택시를 타면 접근이 편리해졌습니다. 하지만 1980년대, 부산에서 삼성전관 가천공장으로 이동하려면 완행버스를 타야 했습니다. 저는 그곳에 연고가 없었기에, 기숙사에 들어가기 위해 이불 보따리 하나와 가방 하나를 달랑 들고 부산 온천장 버스 정류장에서 완행버스를 탔습니다.

부산 노포동 시외버스 터미널에서 경남버스를 타면 약 30분 정도면 통도사신평 버스터미널에 도착할 수 있었지만, 그 당시에는 빨간 버스(세원여객 완행버스)가 비포장도로를 타고 가는 데 약 2시간이 걸렸습니다. 혼자 가는 초행길이라 더욱 길게 느껴졌고, 회사에 대한 정보가 전혀 없어 미래에 대한 두려움과 설렘이 교차하는 마음으로 이동했던 것 같습니다.

가천리 버스 정류장에서 내려 이불 보따리를 메고 기숙사까지 올라갔는데, 그때는 1월 초순으로 날씨가 매우 추웠고, 신불산 계곡에서 내려오는 칼바람에 옷깃을 여미며 걸었습니다. 당시 가천공장 앞에는 일반 주택도 거의 없고, 음식점 몇 개와 배나무 과수원 외에는 아무것도 없어서 을씨년스러운 느낌이 들었습니다. 그곳에서 회사 생활을 시작하며 청춘을 거의 바칠 줄은 꿈에도 생각하지 못했습니다.

기숙사 다다미방의
발 냄새

　　　　　이전에 삼성전관 남자 기숙사에는 한 방에 4명이 함께 생활했으며, 방바닥은 일본식 다다미방이었습니다. 냉방 시설은 없었고, 겨울철 난방은 스팀 라디에이터로 이루어졌는데, 낮 시간에는 스팀이 들어오지 않고 저녁 무렵에나 스팀이 들어왔습니다. 스팀이 배관 내 응축수를 밀어내기 위해 워터 해머 소리가 났던 기억이 납니다.

　제가 있던 방은 스팀이 누수되어 다다미가 썩는 냄새와 교대 근무 후 씻지 않고 들어오는 사람들의 발 냄새가 방 안에 진동했습니다. 약 3개월 정도 기숙사 생활을 한 뒤, 도저히 견딜 수 없어 입사 동기인 민수와 함께 회사 옆 방기마을로 방을 얻어 나갔습니다.

　같은 기숙사 방을 쓰던 CRT 생산과의 상현이라는 친구는 야간 교대 근무를 마치고 들어올 때마다 간식거리를 사서 저에게 나누어주곤 했습니다. 작은 배려가 정말 고마웠습니다. 지금은 그 기숙사가 노후되어 리모델링 후 강의실로 사용되고 있지만, 많은 선배의 발자취가 서려있는 그곳에서 저는 첫 직장 생활을 시작했으며, 비록 발 냄새로 인해 좋은 기억은 아니지만 그곳에서 만난 친구들과의 아련한 추억은 여전히 제 마음에 남아있습니다.

친구의 십이지장궤양에 원인을 제공하다

기숙사에서 3개월 정도 생활한 후, 발 냄새와 다다미방 썩는 냄새 때문에 입사 동기인 민수와 함께 방기마을에 방을 얻어 자취를 시작했습니다. 식사는 회사 식당에서 해결하고, 잠만 자는 장소로 생활하게 되었습니다.

저는 초등학교 5학년 때부터 제사 후 음복으로 술을 마시기 시작했습니다. 하지만 민수는 술을 잘 마시지 않았습니다. 방기마을에서 여러 동년배들이 함께 자취를 하였고, 그중에 고등학교 동창인 경근이와 자주 어울려 술을 마시게 되었습니다. 술에 약한 민수는 저와 자주 술을 마시다가 결국 십이지장궤양이 심해져 회식 도중에 내출혈로 병원 응급실에 실려 가는 일이 발생했습니다.

시간이 지나 민수는 방위병 입대를 위해 집합 훈련 중에 회사에 휴가를 내야 했고, 저는 신평 내과에 가서 장염 진단서를 발급받아 병가원을 제출해 해결했습니다. 요즘 같으면 학력 위조나 논문 표절 같은 일이 사회적으로 큰 문제로 다뤄지지만, 그 당시에는 어느 정도 용인되었던 시절이었습니다.

친구에게 술을 자주 권한 덕분에 십이지장궤양이 생긴 점에 대해 이 자리를 빌려 사과의 말을 전합니다.

방기 할머니의
한마디

　　📎 방기마을에서 함께 지내던 친구 민수는 건강이 점점 약해졌습니다. 아마도 시골의 생활 환경이 체질에 맞지 않았던 듯합니다. 결국 그는 부산 본가에서 출퇴근하기로 결정했고, 짐을 싸서 저와는 아쉬운 작별을 하게 되었습니다.

　　그 무렵, 학교 선배님의 장모님께서 저에게 방을 내주셨습니다. 자신은 다른 집에서 생활하신다며 넓은 마음으로 저를 받아주신 것이지요. 덕분에 그곳에서 머무르며 가끔 친구들을 초대해 얼굴을 마주하곤 했습니다.

　　어느 날은 신평에 사는 친구가 찾아왔고, 그는 당시 연애 문제로 마음이 많이 복잡해 보였습니다. 저녁 무렵, 저희가 진지하게 이야기를 나누는 것을 듣고 계시던 할머니께서 한 말씀 하셨습니다.

　　"거 참, 요즘 머슴애는 왜 그리 우물쭈물하노? 그냥 딱 사내답게 확 잡아채 묶어뿌지!"

　　그 말이 너무 직설적이고 당황스러워 순간 웃음이 났지만, 지금 돌아봐도 꽤 충격적인 멘트였습니다. 물론 상황은 그렇게 단순한 문제가 아니었습니다.

　　그 친구의 여자친구는 같은 회사에 다니는 동료였고, 저희가 잘 아는 선배님의 처제이기도 했죠. 여러 사정이 얽혀있었기에 쉽게 풀릴 수 있는 관계는 아니었습니다.

　결국 별다른 진전 없이 시간은 흘렀고, 둘은 각자의 길을 가게 되었습니다. 지금은 서로 다른 사람의 남편과 아내가 되어 각자의 삶을 살아가고 있습니다.

　당시 할머니의 말씀은 시대적 배경 속에서 나온 농담 섞인 조언이었겠지만, 오늘날 그런 발언은 오해를 살 수도 있고, 자칫 유튜브 같은 곳에 성폭력이나 성희롱 사례로 올라갈 수도 있는 이야기겠지요.

　시대가 달라졌고, 우리가 관계를 맺는 방식도 많이 변했습니다. 지금 생각하면 그 말 한마디에 담긴 정겨움과 무심한 직설이 참 묘하게 남습니다.

난생처음 국수 삶기

방기 할머니 집에서 혼자 살기 시작한 지 1년 남짓한 시기에, 입사 동기인 경락이 친구가 아내의 산후 조리를 위해 염소 뼈 중탕을 만들어야 한다며 작은 염소 한 마리를 끌고 방기에 나타났습니다. 어릴 적 동네에서 염소 잡는 모습을 본 적은 있지만, 저는 털 하나도 뽑아본 적이 없었습니다. 그래서 친구들과 함께 염소를 끌고 동네 야산으로 가서 'V'자형 소나무에 염소를 매달고 입에 소금을 먹여 도축을 했습니다. 살코기는 우리가 먹고, 뼈만 경락이 친구에게 싸서 주었죠. 그때 한 친구가 "밥은 안 주나?"라고 물었습니다. 그래서 저는 집에 반찬도 별로 없지만 국수라도 삶자고 제안했고, 모두 찬성해서 국수를 삶기로 했습니다.

하지만 국수와 물의 양을 제대로 조절하지 못해, 너무 많은 국수를 넣은 탓에 밑부분은 다 타고 위에는 생국수가 되어버렸습니다. 요즘 같으면 인터넷을 참고하거나 벤치마킹을 했을 텐데, 그 당시에는 그런 매체가 없어 어이없는 실수를 하게 되었습니다. 그날 밤, 우리 집에 왔던 친구들에게 "다음에는 잔치국수 맛있게 삶아줄게, 다시 만나자!"라고 약속했습니다.

방기 다리 밑으로 떨어지다

그날은 한겨울 추위가 기승을 부리는 토요일이었습니다. 저녁에 신평에서 "밥 한 끼 하자"는 친구 위원의 호출을 받고 방기에서 신평으로 갔습니다. 다른 친구들과 함께 술을 마시며 밤늦게까지 젊음을 불태웠습니다. 선호나이트에서 나와 버스 정류장에 가보니 빨간버스는 이미 끊겨서 없었고, 택시도 잡히지 않았습니다. 위원 친구는 자기 집에서 자고 가라고 했지만, 저는 그냥 걸어가겠다고 고집을 부렸습니다. 그래서 신평에서 방기마을까지 걸어서 방기다리까지 무사히 넘어갔습니다.

그 당시 시골 동네에는 가로등이 거의 없었고, 한겨울이라 방기다리 밑은 살얼음이 얼어있었습니다. 방기다리를 지나 동네 초입으로 방향을 틀고 걸어가는데, 맞은편에서 상향등을 켜고 달려오는 택시 한 대가 보였습니다. 술이 꽤 취해있던 저는 택시를 피하려다가 발을 헛디뎌 방기다리 밑으로 떨어지고 말았습니다. 다행히 얼음이 꽁꽁 얼어있었다면 큰 부상을 입었겠지만, 살얼음 상태라서 무릎까지만 물에 빠지고 큰 부상 없이 기어 나왔습니다.

누구에게 하소연도 못 하고 언 발을 끌며 자취방까지 걸어온 제 모습은 너무 한심하고 처량했습니다. 그날 위원 친구의 말을 들었으면 그런 일이 없었을 텐데, 괜히 객기 부리다가 큰 변을 당할 뻔했었습니다.

공사 감독과 막걸리

　　📎　1980년대 삼성전관의 사우회에서는 수익사업으로 가천공장 뒤편 밤나무 숲에서 약 1,500마리 정도의 돼지를 사육했습니다. 사내 식당에 나오는 잔반을 처리하기도 하고, 식당에 돼지고기를 공급하기도 했습니다. 또한 사외 판매도 했던 것으로 기억됩니다. 식당에 공급되는 유틸리티(가스비) 절감을 위해, 돈사에서 나오는 돼지 똥을 모아서 메탄가스를 포집하고 이를 공급하는 플랜트를 돈사 옆에 건설하기로 했습니다. 이때 저는 용력과 이 주임과 함께 담당으로 선정되어 매일 현장으로 출근했습니다.

　　매주 한 번은 돼지를 잡아서 식당에 공급하는 날이 있었고, 그때 막 잡은 돼지를 숯불에 구워 먹는 맛은 정말 기막혔습니다. 하지만 문제는 강당마을에서 경운기를 타고 올라오는 현장 작업자들의 막걸리였습니다. 인부가 열 명이 출근해도 막걸리 한 말(20리터), 다섯 명이 출근해도 한 말이 경운기에 실려 작업장에 올라왔습니다. 그 시절에는 막걸리를 남기지 않는 불문율이 있었죠.

　　그날은 날씨가 추워서 출근한 인부가 대여섯 명밖에 없었고, 우리는 김치를 안주 삼아 그 한 말 통을 다 마셨습니다. 추운 날씨에 퇴근 버스 정류장까지 걸어가서 버스를 타고 앉았는데, 버스 안은 기사 아저씨가 히터 온도를 높여 놓아서 갑자기 얼굴이 화끈거리고 속이 울렁거리기 시작했습니다. 버스가 출발하고 얼마 안 가서 막걸리 트름과 함께 오바이트를 참을 수 없어 큰 소리로 "세워달라"고 외쳐 겨우 내렸습니다.

도롯가에서 오바이트를 하고 나니, 그때의 제 생각은 '사람 수를 고려해서 막걸리를 가져왔어야지, 무조건 한 말 통을 채워온 강당마을 오야지 아저씨가 원망스러웠다'는 것입니다. 제 인생에서 그때만큼 막걸리를 많이 먹은 적은 없을 것입니다.

대해집과
백의의 천사

📝 브라운관 사업이 한창이던 1980년대 중반, 신평 지역은 통도사 방향 진입로를 따라 식당과 술집, 기념품 가게들이 활기를 띠고 있었습니다. 지금은 흔히 볼 수 없는 '방석집' 형태의 술집들이 그 당시엔 여러 곳 있었는데, 신평에서도 '대해집', '황색집' 등 몇몇 유명한 방석집이 성업 중이었습니다.

그곳은 윗지방에서 생각하는 그런 퇴폐업소는 아니었고, 주변 회사원들이 하루 동안 쌓인 스트레스를 푸는 장소이었고, 참선으로 지친 통도사 스님들이 목탁 대신 두드리는 젓가락 장단 소리가 흘러나오는 그런 장소였습니다.

저는 그중에서도 '대해집'의 단골이었습니다.

그곳에서는 가끔 통도사 스님들의 젓가락 장단이 미닫이문 사이로 들려오곤 했는데, 그 소리가 참 정겨웠습니다. "불심은 마음에 있고, 고기는 배 속에 있다"는 농담 섞인 말도 그곳에서 처음 들었던 기억이 납니다.

친구들과 함께 방석집에서 노래 부르는 걸 즐겼고, 특히 가수 김하정이 부른 「사랑」이라는 곡을 잘 부르던 한 아가씨와는 종종 듀엣을 하기도 했습니다. 그 노래의 한 구절이 아직도 마음에 남아있습니다.

"사랑이란 슬픈 길을 알고 왔어도
젊음의 텃밭에는 찬비만 내려
운명이라 달래보는 백의의 천사
행여나 오실까 아~ 못다 한 사랑
그늘에서 곱게 피다 지리라."

그 시절, 저 말고도 대해집의 단골이 한 분 더 계셨습니다. 당시 용력과 과장이셨던 김 과장님이었죠.

어느 날 아침, 출근하자마자 과장님께서 저를 부르셨습니다.

"대해집 안주인이 돌아가셨다더라. 나는 부고장을 받았는데, 자네는 못 받나?" 갑작스러운 질문에 저는 "저는 그 정도까지는 아니었습니다."라고 대답했습니다.

지금 생각해도, 술집 안주인 사망 소식에 부고장을 받는 일은 흔치 않은데, 왜 그렇게 많은 직원 중에 저에게만 그런 질문을 하셨는지는 아직도 알 수 없습니다. 아마도, 저와 그곳 사이의 '정'이 꽤 깊어 보였던 걸까요?

그 시절의 작은 일화 하나하나가, 지금은 아련한 추억이 되어 마음 한구석에 남아있습니다.

제4장

철원군
관인면

:: 처음 듣는 대남방송
:: 사수의 전역식과 오바이트
:: 한겨울 추위에도 강한 이유
:: 네가 병장 달았으면 다가
:: 새벽 마다 괴롭히는 후임병들
:: 말뚝 박아라 군대 체질이다
:: 보안대의 호출
:: 눈물의 전역식
:: 초병수칙과 전략적사고

처음 듣는
대남 방송

📎 저는 1983년도 5월에 육군 논산훈련소에 입소해서 5주간 신병교육 훈련을 마치고 자대배치를 받기 위해 도봉산 자락이 보이는 101보충대에 이송되었습니다. (참고: 2012년 이후부터는 보충대 개념이 폐지되고, 훈련소에서 바로 자대 배치됨)

그곳에서 이틀간 머물렀는데 자대 배치 방식을 그곳에서 처음 알았습니다.

배치 담당 하사관 한 명이 나오더니 모여있는 신병들을 향해 이렇게 외쳤습니다. "부모님이 국장급 이상 고위 공무원 손 들어. 그다음 부모님이 대학교수 및 대기업 임원 손 들어." 등으로 우선 배치 대상자를 선별하여 따로 분리해 어디론가 인솔해 갔습니다.

"나머지 장병들은 현 위치에서 별도 호명이 있을 때까지 대기한다." 라고 말하고 사라졌습니다.

해가 서산에 기울 무렵 그 하사관이 다시 나타나서 탑승할 M620 군용차량 번호를 불러주면서 탑승하라고 했습니다. 더블백을 어깨에 둘러메고 올라탔는데, 10명 남짓한 인원이 어딘지 모를 부대를 향해 가는데 모두 불안한 모습을 감출 수가 없었습니다. 한참을 가다 보니 밖으로 퇴계원을 지나는 표지판이 보이고, 호송차는 계속 북쪽으로 향하고 있었습니다. '아, 부모가 돈 없고 빽 없는 놈들은 도매금으로 몰아서 데려가는구나!' 하고 생각했습니다.

해가 져서 밖이 깜깜한 무렵이 되어 호송관이 본인 이름을 호명하며 하차하라고 했습니다. 이어서 다른 신병 이름은 안 부르고 혼자 그 부대에 배치된 것입니다. 연병장 앞에 서있으니까 내무반에서 상병 계급장을 단 병사가 나와서 따라 들어오라고 했습니다. 그렇게 배치된 곳이 강원도 철원군 6사단 포병 연대본부 수송부였습니다.

간단한 신고식과 점호를 마치고 침상 맨 끝자리에 누웠는데 어디서 왱왱거리는 소리가 들렸습니다. 북한 쪽에서 들려오는 대남 방송이었습니다.

'아, 내가 말로만 듣던 최전방에 배치되었구나!' 생각하면서 좀처럼 잠자리에 들지를 못하고 있는데, 옆에 있는 고참 병사가 "야 인마, 그만 좀 뒤척대고 자자."라는 소리에 잠이 들었고, 기상나팔 소리에 잠이 깨었습니다. 그렇게 해서 철원에서의 군대 생활이 시작되었고 나름 고생도 했지만, 추억도 많이 만들었습니다.

사수의 전역과
오바이트

　　　　　　🖋 제가 6사단 포병 연대 수송부에서 받은 보직은 차량계였고, 그 위에 사수로 홍인기라는 말년 병장이 있었습니다. 차량계 보직을 받고 3개월 정도 지나자, 그분이 전역을 하게 되었습니다. 믿고 의지했던 고참이 이제는 없다는 사실에, 거친 운전병들 사이에서 앞으로의 군 생활이 힘들어질 것 같다는 걱정에 마음이 무겁고 불안했습니다.

　마침 홍 병장의 전역식이 다가왔고, 전역 파티는 하루 전날 점호 시간 전에 수송부 행정반에서 진행되었습니다. 그해 강원도 철원은 유난히 눈이 많이 내렸고, 무릎까지 쌓이는 날이 많았습니다. 고참 병장들은 이미 대낮에 관인면 소재 식당에서 한 잔씩 걸치고 부대로 들어왔고, 중간 고참들까지 10명 가까운 인원이 행정반에 모여 술을 마시기 시작했습니다. 그때 저는 부대 담장을 넘어 부대 옆 가게에서 술을 사서 날라야 했습니다.

　안주도 없이 깡 소주를 계속 마시다 보니 술에 취해서 점호를 받게 되었고, 마침 주번 사관이 수송관님이라서 술에 취한 저를 배치카 옆에 누워서 잠자게 해놓았습니다. 문제는 추운 밖에서 술 사러 다닌 찬 몸이 갑자기 더운 배치카 옆에 누우니까 내무반 천장이 빙빙 돌기 시작했고, 결국 점호 시간에 오바이트가 나오고 말았습니다. 정신이 없었지만, 수송부 전체는 발칵 뒤집혔고, 점호가 끝난 후 중간 고참들은 엄청난 얼차려를 받았다고 합니다.

  다음 날, 군기가 빠진 새파란 졸병이 술 먹고 점호 시간에 오바이트를 한 사건은 포병 연대 본부 전체에 금방 퍼졌습니다. 그날 바로 위에 선임이 라면을 끓여줘서 속풀이를 하고, 배치카 옆의 오물을 청소하고 모포를 세탁한 후, 중간 고참들에게 끌려가서 작키 레버로 엄청 맞았습니다. "이놈에 술이 웬수야. 왜 나는 술을 일찍 배워서 군대에서 이런 고생을 사서 했을까?" 많이 후회했지만, 전역 전날까지 저를 챙겨주었던 영원한 차량계 사수 홍 병장님. 지금 어디서 무얼 하고 계신지 보고 싶습니다.

한겨울 추위에도
강한 이유

강원도 철원에서 군대 생활을 하던 1983년부터 1985년까지, 그해 겨울은 유난히 추웠습니다. 이를 대비하기 위해 월동 준비를 10월부터 시작했습니다. 제설 작업용 도구 중 하나인 싸리비를 만들기 위해, 주변 야산에서 싸리나무와 칡넝쿨을 잘라 연병장에서 건조 작업을 했습니다. 또한 배치카 보수용 황토를 파서 봄에서 가을 사이에 벌어진 틈새를 메꾸고, 무연탄 덩어리를 공급받아 동절기 난방 연료를 준비했습니다.

수송부에서는 타이어 체인 마모 부위 교체 및 부동액* 보충 작업, 라디에이터 점검 작업을 차량마다 진행했습니다. 그날은 사단 정비중대에서 '분기 차량 운용 현황 보고서'를 작성하는 날이었고, 야간 경계 근무를 마친 후 숙소동 행정실에서 타이핑 작업을 하던 중 보충 자료가 필요해 수송부 행정실에 서류를 찾으러 갔습니다. 전방 지역은 야간에 '등화관제'가 운영돼 실내 불을 켜지 못해 더듬거리며 서류를 찾고 있었습니다. 그런데 작은 소주병에 손이 걸렸습니다.

뚜껑을 열어보니 달콤한 소주 냄새가 나서, "운전병 중 누군가 고참을 위해 소주를 갖다 놓았구나." 하고 몇 모금을 마셨습니다. 그런데 이 소주는 일반 소주와 달리 점성이 진하고 이상한 맛이 났습니다. 그리고 나서 구토가 올라왔습니다. 숙소동 행정실에 돌아와 보니, 정비병이 부동액을 주입하다가 남은 일부를 소주병에 담아 제 책상에 올려놓았던 것이었습니다. 다음 날, 그 전날 저녁의 제 행동이 너무 창피했지만, 군 시절 마신 부동액 덕분에 겨울철엔 웬만한 추위는 타지 않고 잘 견디게 되었습니다. (ㅋㅋ~)

* 군용 차량의 부동액(냉각수)은 일반 상용 차량용 부동액과 유사하지만, 극한 환경에서도 안정적으로 작동할 수 있도록 특수한 첨가제가 포함됩니다.
  주요 성분은 다음과 같습니다.
  1) 에틸렌 글리콜(Ethylene Glycol, $C_2H_6O_2$) 또는 프로필렌 글리콜(Propylene Glycol, $C_3H_8O_2$)
     – 낮은 온도에서 얼지 않도록 하고, 높은 온도에서는 끓는점을 높이는 역할
     – 극저온(-40℃ 이하)에서도 안정적인 성능을 유지할 수 있도록 제조
     – **에틸렌 글리콜은 맛도 약간 달콤한 특성이 있어 실수로 섭취할 위험이 있습니다. 그러나 매우 독성이 강해 인체에 치명적이므로 절대 섭취해서는 안 됩니다.**
  2) 방청제(Anti-Corrosion Additives) 및 첨가제
     – 고급 부식 방지제: 라디에이터, 워터펌프, 엔진 블록 등의 금속 부식을 최소화
     – 유기산(OAT) 또는 하이브리드(HOAT) 첨가제: 장기간 사용할 수 있도록 내구성 강화
     – 실리케이트, 아질산염, 몰리브데이트 등 포함: 부식 억제 및 고온 환경에서 보호
  3) 소포제(Anti-Foaming Agents)
     – 거친 주행 환경에서도 기포 형성을 억제하여 냉각 효율 유지
  4) 내열·내한 성분
     – 영하 50℃ 이하에서도 성능을 유지할 수 있도록 특수 제작
     – 사막과 같은 고온 환경에서도 끓는점 상승을 통해 냉각 성능 유지
  5) 표면 장력 조절제 및 윤활제
     – 냉각 시스템 내에서 유체 흐름을 원활하게 하며, 워터펌프의 마찰을 줄여 내구성 향상 (챗봇 발췌)

네가 병장
달았으면 다가?

저하고 같이 생활했던 수송부에는 3개월 입대가 빠른 박 일병이 있었는데, 군 입대 전에 결혼식도 안 올리고 사고를 쳐서 딸을 출산한 경력의 소유자였습니다. 저는 군 생활하면서 부모님한테도 자대 배치받고 딱 한 번 편지를 쓴 이후로는 다시 쓴 적이 없는데, 박 일병은 툭하면 자기 마누라에게 보내는 편지를 저한테 강제로 쓰게 했습니다. 답장이 오면 저한테 보여주고 또 다음 편지를 쓰게 했습니다. 그러다 보니 저하고 박 일병 마누라하고 편지를 주고받는 사이가 되어버린 것입니다. 그렇다고 선임병하고 한판 붙을 수도 없고…. 그러다가 시간이 지나서 제가 송충이 네 마리, 병장 계급장을 달게 되었습니다.

평소에 같은 주당으로서 가깝게 지내던 말년 병장들이 저의 병장 진급을 축하한다고 영내 PX로 올라오라고 해서 점호 시간 전까지 얼큰하게 마시고 내무반으로 들어갔습니다. 그때 몇몇 후임병들과 점호 준비를 하고 있던 박 병장이 저를 보자마자 말했습니다. "전 병장, 나하고 같이 좀 나가자!"

저와 박 병장 둘이 내무반 밖으로 나가서 화장실 옆 공터에 둘이 마주 서게 되었습니다. 참고로 박 병장은 술을 전혀 마시지 못하는 비주류였습니다.

그는 저와 마주 서자마자 장작개비 하나를 손에 들고는 "엎드려 뻗쳐!" 하고 소리를 쳤고, 저는 내가 왜 그래야 하냐고 했더니 "네가 병장 계급장 달았으면 다가! 점호 시간이 되었으면 내려와서 점호 준비를 해야지, 고참들과 PX에서 어울려서 술 먹고 개기고 있을 군번이냐?"라는 겁니다.

그래서 저는 "고참들이 따라주니까 마신 것이지 내가 발동걸려서 마신 것이 아니다."라고 항변을 했는데 막무가내로 다그치기에 기가 차서 더 이상 얘기가 안 될 것 같아서 막 뒤돌아서는데 뒤에서 장작개비로 제 허리 쪽을 때렸습니다.

저는 서서 점호받을 수 없을 정도로 통증이 있어서 의무반에 가서 누워있었는데, 그날 저녁 주번 사관이 마침 수송관님이었습니다.

점호 시간이 되어 수송부 주번 하사가 열외인원 보고 시에 제가 의무반에 있다고 하자 점호 끝나고 수송관님 호출이 있었습니다. 어디가 아프냐고 말씀하셔서 허리를 다쳤다고 하니까 어쩌다 허리를 다쳤냐고 해서 눈길에 넘어졌다고 했습니다. 옷을 벗고 상처를 보고 나서 수송관은 단번에 눈치를 채셨습니다. 어떤 놈이 전 병장 때렸는지 찾아오라고 하셨고, 박 병장과 저의 다툼이 다 들통이 났습니다.

저는 수송부 내 차량계(부품계)를 담당하면서 업무 처리가 깔끔해서 수송관의 신뢰를 받고 있었고, 박 병장은 6호 차 운전병(연대 내 제일 낮은 직급의 연관급 장교 탑승 차량)으로 찍혀있어서 바로 귀싸대기가 올라갔습니다. 그 뒷날 제가 찾아가서 사과하고 서로 화해가 됐습니다만 박 병장님, 저 때문에 그런 봉변을 받은 것, 이 자리를 빌려 다시 한번 사과드립니다.

새벽마다 괴롭히는
후임병들

　　　　　　🖋 제가 근무했던 육군 제6사단은 북한의 강원도 김화군과 마주 보는 최전방 철책사단으로, 우리나라 중동부 지역을 방어하는 청성부대였습니다. 포병 연대 본부는 철원군 관인면에 있었으며, 전방 지역은 아니었지만 전역 1개월 전까지 매일 2선 경계 보초를 서야 했습니다. 물론 일반 사병 중에도 야간 보초 근무에서 예외가 있었는데, 연대장 지원병, 암호 해독병, 작전실 상황병 등이 그 대상이었습니다.

　앞에서 말씀드린 저의 3개월 선임인 박 병장이 전역한 후, 저는 주류파 왕고참으로 등극하게 되었습니다. 매일 토요일 오후, 간부들이 퇴근한 뒤 수송부 뒤편에서 인근 민가에서 채취한 고추, 깻잎, 양파 등 채소와 소시지를 넣은 부대찌개로 소주 파티를 벌이곤 했습니다.

　하지만 새벽마다 저를 괴롭히는 운전병들이 있었습니다. 그들은 부대 영관급(소령, 중령) 지프차를 운전하며 각종 훈련 참관과 사단 참모 회의에 참석하는 등 대기 시간이 많았습니다. 귀대할 때면 소주와 새우깡을 사 들고 와서 야간 보초 근무 후 잠들어 있는 주류파 왕고참인 저를 깨우곤 했습니다. 지프차는 1호부터 6호까지 있었는데, 어느 날은 돌아가면서 술을 사 들고 와서 깨우다 보니, 아침에 일어나기 힘들 정도로 괴로웠습니다.

그래서 저는 바로 아래 후임병에게 제안을 했습니다. "같은 날 저녁에 한꺼번에 술을 사 오는 게 아니라, 하루씩 돌아가며 사 오자."

그 뒤로, 저는 후임병들의 괴롭힘에서 해방되어 무사히 전역하게 되었습니다.

말뚝 박아라,
군대 체질이다

　　　　　　📎　군대 생활을 하면서 많은 사람들이 한 번쯤은 경험하는 이야기 중 하나는 본부 인사계님으로부터 전역을 미루고 하사관으로 계속 근무하라는 제안을 받는 것입니다.

　저는 입대 전 열 관리기사 자격증을 가지고 있었고, 군대에서의 주특기는 공병 시설병과 보일러병(572)이었습니다. 그런데 포병 연대 본부에는 보일러 설비가 없어서 겨울철에는 5개론 2통에 기름을 실어 옆 부대인 5군단 포병여단에서 물을 끓여 사병들에게 목욕물을 공급하는 일을 했습니다. 하지만 겨울철에는 주 1회만 목욕을 할 수 있었고, 세면장에는 온수 공급 시설이 없어 매일 찬물로 세수해야 했습니다.

　그러던 중, 저는 인사계에 찾아가 배치카 내부의 고열을 활용해 열 순환 파이프를 설치하고, 배관을 샤워장 물탱크에 연결하면 온수를 전 사병들이 쓸 수 있다고 제안했습니다. 인사계는 도면을 그려보라고 했고, 저는 대략적인 스케치를 그린 후 포대장님께 보고하여 승인을 받았습니다. 배관 자재는 외부에서 구입하고 설치는 제가 직접 했으며, 시운전도 제가 진행했습니다.

　또한 연대장님 관사 보일러를 수리한 덕분에 따뜻해졌다는 칭찬을 받았고, 연 1회 실시되는 사단 차량 지휘검열에서 최우수 평가를 받기도 했습니다. 그렇게 군 생활을 열심히 했고, 결과적으로 특별 포상 휴가도 받았습니다.

전역을 6개월 앞둔 어느 날, 인사계에서 저를 불러 부사관으로 지원할 의향이 있냐고 물었습니다. 그러나 철원에서 남은 인생을 보내는 것이 아까워 그 제안을 거절했습니다. 지금 생각해 보면, 군대에서 말뚝을 박지 않은 것이 잘한 결정이었다고 생각합니다.

보안대의 호출

예전에 제가 군대 생활할 때는 각 사단급에 보안부대(현재 기무사령부)가 배치되어 있었고, 포병연대 내에도 위관급 장교 1명, 부사관 1명, 운전병 1명이 배치되어 위병소에 출입차량 중에 연대장 입출문 시에 보안대에 보고했었습니다. 제가 수송부 차량계 업무를 맞았기 때문에 보안대 차량은 저를 수시로 와서 찾아 부속 교체를 하거나 차량 수리를 하곤 했었습니다.

전역을 1개월쯤 남겨둔 토요일 오후에 내무반에 누워서 TV를 보고 있는데, 갑자기 인사계님이 본부 행정반에 복장을 갖춰서 대기하라고 연락이 왔습니다.

행정반에 대기하고 있는데 보안대 지프차가 행정반 앞에 도착 후 저를 호명하며 탑승하라고 했습니다. 영문을 몰라서 왜 제가 보안대에 가야 하냐고 했더니 가보면 안다고 했습니다.

포병 연대에서 6사단 보안대까지는 약 20분 정도 소요되었는데, 수많은 생각이 머릿속에 맴돌았습니다. 제대 말년에는 떨어지는 낙엽도 조심하라고 했는데, 차량계 하면서 차량 부품을 빼돌린 적도 없는데, 아무리 생각해도 제가 보안부대를 끌려갈 적당한 사유가 떠오르지 않았습니다.

운전병의 안내로 저는 관인면 소재지에 있는 보안부대 2층으로 올라갔는데, 민간인 같이 머리가 긴 부사관 한 명이 저의 신원확인을 하면서 잠시 대기하고 있으라고 했습니다. 그 순간에 보안대 끌려가면 심한 고문받고, 없던 죄도 만들어서 영창 보낸다는 얘기가 머리에 떠올랐습니다.

  한참을 기다렸더니 보안대 사병 한 명이 오더니 자기를 따라오라고 해서 밖으로 나왔습니다. 보안대장 관사에 보일러가 고장이 나서 긴급 수리가 필요했는데 보안대장 사모님이 포병연대에 보일러 잘 보는 병사가 있다고 해서 저를 불렀다고 합니다. 사연을 알고 보니 포병 연대장 관사에서 부대장 사모님들 모임이 있었는데 제가 보일러 수리하고 나서 포병연대장 관사가 따뜻해졌다는 말을 듣고 보안대장 사모님이 돌아가서 보안대장님에게 연락을 했다고 합니다. 아무튼 몇 개 부품을 교체 후 정상적으로 보일러가 가동되어 저는 저녁까지 잘 먹고 부대로 복귀했습니다만, 그 내막을 알기 전까지 대기 시간 동안은 정말 악몽 같은 시간이었습니다. 자고로 옛말에 죄짓고 두 다리 뻗고 못 잔다는 말이 생각났습니다.

눈물의
전역식

"거꾸로 매달아도 국방부 시계는 돌아간다."라는 군대 격언이 일반병사들 사이에 있습니다만, 세월은 흘러서 저도 군대 생활 30개월을 마감하는 전역식을 맞게 되었습니다.

이전에 고참들이 했던 부대 내 전통대로 1개월 전후 동기들 몇 명과 후임병하고 관인면 소재지 식당에 나가서 대낮부터 1차 전역 파티를 하고, 마지막으로 관인다방에 가서 그때 유행했던 가수 김범룡의 「바람 바람 바람」을 들으면서 시간을 보내다가 저녁 무렵이 다 되어 부대로 복귀했습니다. 토요일 오후는 주번사관 외 간부들은 다 퇴근해서 고참병들 세상이었지요.

전역식이 있는 날에는 주번사관 재량으로 야간 점호를 생략하는 관례가 가끔 있었는데, 마침 통신과 주임 상사님이 주번사관이라 흔쾌히 점호를 생략하라고 하셨습니다. 참고로 포병은 M602 차량이 포탑을 운송하고 관측병이 통신 박스카를 타고 다니면서 좌표를 측량하여 포사수에게 무선 교신하는 병과의 특성상, 통신과 수송은 밀접한 유대관계가 있었습니다. 내무반 내에서 전 수송부원과 일부 다른 병과 사병들이 전체 송별회를 하던 중에 몇몇 병사들이 울먹거리는 소리가 들렸습니다. 제가 돌아다니면서 석별의 정을 나누는데 우는 사연은 이렇습니다. 주당 왕고참인 전 병장이 떠나면 주당파 병사들이 마음대로 술을 못 마시고 수난을 당하게 되어 바람막이가 없어지는 것이 아쉽다는 것이지요. 참고로 제 바로 밑에 후임 내무반장인 손 병장은 술을 전혀 못 마시는 비주류였습니다.

아, 저는 주당파 후배들의 아픈 사연을 듣고 가슴이 아팠습니다.

후임 손 병장이 있는 자리로 옮겨서 내가 떠나더라도 주당파 후배 병사들을 괴롭히지 말고 잘 지내라고 부탁을 했습니다. 주당파 이태연 상병, 김종훈 일병 어디서 무얼 하는지 모르겠지만, 전역 송별식에서 뜨겁게 눈물을 흘린 석별의 정을 지금도 감사하게 생각합니다.

초병 수칙과 전략적 사고

　　　　　　　✎　이번 장에서는 육군 논산훈련소에서 훈련병 시절에 암기했던 '초병 수칙'의 내용을 일반 기업에서 의사 결정을 할 때 그 의미를 되새기면서 참고할 수 있도록 연관성에 대해 소개하고자 합니다.

> **육군 논산훈련소 초병 수칙**
>
> – 한곳에 집중하지 마라
> – 마음대로 상상하지 말라
> – 가까운 곳에서 먼 곳으로
> – 좌에서 우로 중첩되게

① 한곳에 집중하지 마라

- 어떤 의사 결정 사항 검토를 할 때 한 방향에만 매몰되어 검토하지 말고 여러 가지 변수를 고려해서 다각도로 대안을 검토한다.
- 숲도 보고, 나무도 봐야 한다.

② 마음대로 상상하지 마라
- 본인 생각만 가지고 판단하지 말고, 의사 결정자의 생각이 무엇인지 사전 교감을 가지고 방향을 결정해야 된다. (사전 단계별 보고가 중요)
- 자칫 혼자 생각으로 방향을 밀어붙이면 엉뚱한 방향으로 갈 수 있다.

③ 가까운 곳에서 먼 곳으로
- 단기적인 성과만 보지 말고 중장기적인 측면을 고려해서 전략적 방향을 결정해야 한다.
- 단기 성과에 급급하면 차세대 먹거리를 놓치는 우를 범한다.

④ 좌에서 우로 중첩되게
- 검토하는 부서 위주로 판단하지 말고 관련 부서와 사전 협의를 통해 예상되는 리스크를 대처할 수 있는 방안을 모색한다. (타 부서와 사전 교감이 중요)

제 5 장

다시 신불산
아래로 복귀

:: 조선일보 보는 사람 손들어
:: 절이 싫으면 떠나고 주지가 싫으면 남아라
:: 보고서와 꼬냑 한병
:: 기획/조사 업무의 달인
:: 손톱깍기와 과도
:: 멍게와 서울 아가씨
:: 내가 가니 너도 가자
:: 카드 사용자 5위
:: 샴푸인가 로션인가
:: 이틀만의 설비 입고
:: 학록 대사의 내공

『조선일보』 보는 사람
손 들어

군 복무를 마치고 회사로 복귀한 뒤, 저는 공무부에서 공사 시공 업무를 맡게 되었습니다. 그러나 맡는 공사마다 순조롭게 진행되지 않아 많은 어려움을 겪었습니다.

CRT 코니탑 창고 증축 공사를 진행할 때는 천막 소재를 불연재가 아닌 난연재로 사용해 그룹 비서실 감사로부터 지적을 받았고, 관리동 아래 콘센트 건물 내 Frame 제조공장의 프레스 기초 공사에서는 연약 지반에 대한 방수 처리가 제대로 되지 않아 기초를 재시공해야 했습니다. 이로 인해 공사 기간이 지연되는 등 몇 건의 공사가 연달아 문제를 일으켰습니다.

이런 일이 반복되면서, '나는 공사 감독 체질이 아닌가 보다.' 하는 생각이 들 무렵, 이 대리님께서 에너지 관리 업무를 함께하자고 제안해 주셨습니다. 결국 저는 직무를 에너지 관리 업무로 전환하게 되었습니다.

매일 아침이면 용력 과장님 주관으로 일일 업무 회의를 했습니다. 그런데 어느 날, 회의가 시작되자마자 과장님이 물으셨습니다.

"혹시 집에서 『조선일보』 받아 보는 사람, 손들어 보세요."

저는 아무 생각 없이 반사적으로 손을 번쩍 들었습니다. 그러나 주변을 둘러보니, 다른 직원들은 아무도 손을 들지 않았습니다. 혼자

민망해서 얼른 손을 내렸지만, 그 순간부터 저를 향한 비난이 시작되었습니다.

"『조선일보』가 삼성을 얼마나 사사건건 씹어대는지 알고는 있느냐!"

"분위기도 파악 못 하면서 어떻게 직장 생활하려느냐!"

그다음 날에는 안전 담당 업무를 소홀히 했다는 질책이 이어졌습니다. 이유인즉, 아침에 삼성 체조를 하지 않는 직원이 있었는데, 안전 담당자가 직원들의 건강 관리를 제대로 하지 않았다는 것이었습니다. 또 그다음 날에는 화장실에서 냄새가 난다고, 안전 담당자가 환경 관리를 소홀히 한다는 지적까지 나왔습니다.

『조선일보』 사건 이후, 저는 매일같이 직장 내 괴롭힘을 당했습니다. 결국 더 이상 그 부서에서 버틸 수 없어 가천공장 관리부로 부서를 옮기게 되었습니다.

물론, "회계 전공도 아닌 네가 그 부서에 가서 제대로 일할 수 있겠느냐"는 독설도 들어야 했지만, 저는 무엇보다 그 과장님의 그늘을 벗어나고 싶었습니다. 그래서 부서 이동은 불가피한 선택이었습니다.

아, 『조선일보』를 본 게 그렇게 큰 죄였단 말인가요!

절이 싫으면 떠나고,
주지가 싫으면 남아라

　　　　　　📎　직장 생활을 하다 보면 아무 문제 없이 순탄하게 업무를 수행하는 사람도 있지만, 때로는 직급이나 직책을 막론하고 업무적인 문제나 인간관계로 인해 퇴사를 고민하는 경우를 종종 보게 됩니다.

　가천공장 관리부에서 기획조사 업무를 맡았던 시절, 저는 원활한 업무 수행을 위해 각 사업부의 부서장 및 담당자들과 긴밀히 교류하며 현안 문제를 수집하고, 해결 방안을 논의하는 일을 자주 했습니다.

　어느 날, 평판사업부 관리부에서 근무하던 김 모 사원이 저를 찾아와 조언을 구했습니다. 그는 자신이 소신 있게 열심히 일해 왔다고 생각했지만, 상사인 課長과의 잦은 의견 대립으로 인해 출근 자체가 괴로울 지경이라고 하소연했습니다. 결국 사직을 고민하고 있다고 했지요.

　저는 그에게 통도사의 본절과 12개 암자 이야기를 들려주며 이렇게 조언했습니다.

　"절은 회사요, 주지는 상사다. 절이 싫으면 떠나야 하지만, 주지가 싫으면 남아야 한다."

　회사는 특별한 일이 없는 한 오랫동안 존속하지만, 상사는 시간이 지나면 언젠가 바뀌게 마련이라는 뜻이었습니다.

　며칠 후, 김 사원은 저를 다시 찾아와 결심을 전했습니다.

"주지가 바뀔 때까지 절에 남겠습니다."

그리고 정말 얼마 지나지 않아, 그 課長은 다른 부서로 전보 발령을 받아 이동했습니다. 김 사원은 변함없이 그 자리를 지켰고, 결국 해당 부서의 부장까지 승진하여 명예롭게 퇴직하게 되었습니다.

비슷한 일은 유일에너테크㈜에서도 있었습니다.

어느 부서원이 상사와의 갈등으로 사표를 내겠다고 찾아왔을 때, 저는 그를 설득해 타 부서로 전배시켰습니다. 그는 지금도 그 부서에서 대리로 재직 중이며, 오히려 갈등을 빚었던 상사는 얼마 뒤 스스로 사표를 내고 퇴직했습니다.

오랜 기간 직장 생활을 하면서 저는 확신하게 되었습니다.

물론 회사가 파산하거나 어쩔 수 없이 옮겨야 하는 경우도 있지만, 가능한 한 직장에서 오래 근속하는 것이 중요하다는 것을 말입니다. 장기 근속을 통해 네트워크도 자연스럽게 형성되고, 한 분야의 전문가로 성장할 수 있습니다.

결론적으로, 삼성그룹 같은 대기업에서도 이재용 회장을 제외하면 모두가 '월급쟁이'일 뿐, 언젠가는 회사를 떠나야 합니다. 직장 생활은 '일희일비'하지 말고, 묵묵히 맡은 바 소임을 다하며 뚜벅뚜벅 나아가야 합니다. 그렇게 걸어가다 보면, 어느새 관리자가 되고, 임원이 되는 것입니다.

보고서와
코냑 한 병

가천공장에서 에너지 관리 업무를 맡던 중, 『조선일보』 구독 사건으로 과장님과 갈등을 빚게 되었고, 결국 관리부로 전배 조치되었습니다.

그곳에서 처음 맡은 업무는 투자 예산 관리와 고정 자산 관리였습니다. 공장 전체의 투자 예산을 총괄하는 담당자로서 제법 실무 권한도 주어졌고, 덕분에 업무에 점차 재미를 붙이기 시작했습니다. 그러던 어느 날, 주무 사원이던 변 대리가 저를 찾아와 공장장님의 지시사항을 전달했습니다.

"임원 회의 때 공장장님께서 '일본인 기술 고문들의 지도 활동 실태'를 조사해 보고하라고 하셨습니다."

순간 당황했습니다. 에너지 관련 기술 보고서는 몇 번 작성해 본 적 있었지만, 이런 일반적인 조사 보고서, 그것도 일본인 기술 고문들을 상대로 작성하는 일은 상상조차 해본 적이 없었기 때문입니다. 그래서 조심스럽게 물어봤습니다.

"다른 직원에게 맡기면 안 될까요?"

하지만 돌아온 답은 단호했습니다.

"마땅한 사람이 없어. 2주간 시간을 줄 테니 한번 해봐."

하는 수 없이, 저는 그때부터 LCD, VFD, CPT 사업부에 소속된

10명 이상의 일본 기술 고문들을 직접 인터뷰하며 기술 지도 건수를 조사하고, 자료를 분석해 정성껏 보고서를 작성했습니다.

모든 작업을 마치고 결재를 올린 뒤, 며칠이 흘렀습니다.

어느 날 오후, 관리 담당 임원인 원 이사님께서 관리부를 찾아오셨습니다.

"전호춘이가 누구야?"

처음 듣는 호명에 깜짝 놀라, 저는 부동자세로 손을 들고 서있었습니다. 그동안 한 번도 대면한 적 없는 이사님이었기에 더욱 긴장됐습니다.

이사님은 웃으며 말씀하셨습니다.

"공장장님께서 일본 기술 고문 활동 실태에 대한 보고서를 받아보셨는데, 아주 잘 정리되어 있다며 담당자에게 선물하라고 하셨어."

그러면서 꺼내신 것은 양주 한 병, 까뮤(Camus) VSOP였습니다.

저는 그때까지 양주를 본 적도, 맛본 적도 없었기에, 가슴이 벅차 오르는 감격을 느꼈습니다.

그 일을 계기로 제 업무도 투자 예산 담당에서 기획·조사 담당으로 전환되었습니다. 그리고 가천공장 관리부에 재직하는 동안 약 40여 편의 기획 및 조사 보고서를 작성하게 되었지요.

그 모든 시작은, 바로 그 '보고서와 코냑 한 병' 덕분이었습니다.

기획/조사
업무의 달인

✎ 제가 가천공장 관리부에서 기획·조사 업무를 맡게 된 배경은 앞장에서 설명한 바 있습니다.

공장장님 수명 업무였던 '일본 기술 고문 활동 실태 보고'를 성공적으로 수행한 것이 계기가 되었지요.

당시에는 본사에 기획관리실과 감사실이 있어, 주요 현안이나 이슈에 대한 검토와 보고를 주로 본사에서 진행했습니다. 그러나 공장 차원에서도 자체적인 기획·조사 기능이 필요하다는 공장장님의 지시에 따라, 이 업무를 제가 담당하게 되었다고 관리부장님이 전해주셨습니다.

1990년대 초반, 삼성전관 가천공장은 모니터사업부, LCD사업부, VFD사업부, CRT사업부, CPT사업부, 형광체사업부, 전자총사업부 등 다양한 제품군의 사업부와 함께, 말레이시아 CPT 법인까지 운영하고 있었습니다. 따라서 제가 맡게 된 업무 범위는 광범위했고, 검토해야 할 분야도 매우 다양했습니다.

대표적인 검토 사례를 몇 가지 정리해 보면 다음과 같습니다.

- 열병합 발전 타당성 검토 보고
- 사내 기업가 제도 도입 검토 보고
- 순수 수질이 브라운관 막 품질에 미치는 영향 분석 보고
- 사내 사업부 간 이체가 검토 보고(형광체, 전자총, 실리카코팅 부문)
- 사내 W/O(Work Order) 처리 전산화 추진 계획 보고
- 쌀베지 공정 사내외주화 검토 보고
- 주요 부품 협력업체 운영 실태 조사 보고
- 사내 투자 실패 사례 분석 보고
- 말레이시아 법인 주요 부서장 간 갈등 조사 보고

당시 저는 한 달에 평균 두 건 이상의 기획·조사 보고서를 작성했던 것 같습니다. 특히 '사내 투자 실패 사례집'은, 유사한 투자 실패를 방지하기 위해 사례를 수집·분석한 보고서로, 나중에 감사팀이 이 중 일부 사례를 대표이사님에게 보고하는 데 활용하기도 했습니다.

이로 인해 관련 부서장에게 불만을 듣기도 했지만, 그 또한 제 업무의 일환이었기에 담담히 받아들였습니다.

기억에 남는 일화가 하나 있습니다.

제 후임자로 온 허길규 사원이 제게 이렇게 말한 적이 있습니다.

"선배님, 이 다양한 장르의 주옥같은 보고서를 어떻게 이렇게 짧은 시간에 다 소화하셨습니까?"

지금 돌이켜보면, 제 기획 능력이 특별히 탁월했다기보다는, 당시 지도 선배였던 변 대리님과 권 부장님의 체계적인 지도와 끊임없는 격려 덕분에 가능했던 일이라고 생각합니다.

저 혼자 잘한 것이 아니었습니다.

손톱깎이와
과도

✍ 요즘은 해외여행이 국내여행만큼이나 흔해지고, 출장 기회도 많아졌지만, 1990년대 초반 당시에는 사정이 달랐습니다.

영업이나 기술 부서에서는 해외 출장이 잦았지만, 관리부서는 특별히 모범사원으로 선정되거나 노사위원으로 활동하는 경우에만 해외 출장을 갈 기회가 주어졌습니다.

귀국할 때는 으레 양주나 담배 등을 사 오는 것이 일반적이었지요. 또한, 사람들은 독일 핸켈사의 쌍둥이 칼이나 손톱깎이 세트를 선호하여 선물로 주고받는 경우가 많았습니다.

저희 집에는 지금도 30년 넘게 사용해 온 일제 손톱깎이와 작은 과도가 있습니다. 이 물건들은 가천공장 관리부에서 함께 근무했던 강태우 후배가 일본 출장 후 기념으로 선물해 준 것입니다. 사진으로 보면 낡고 오래돼 보이지만, 여전히 성능에는 아무런 문제가 없습니다.

사실 몇 번의 이사를 거치면서 짐을 정리할 때마다 버릴까 고민한 적도 있습니다. 하지만 작고 소박한 이 손톱깎이와 과도에는 단순한 물건 이상의 의미가 담겨있습니다. 그 당시 후배의 따뜻한 마음을 기억하고 싶어서, 지금도 소중히 간직하며 사용하고 있습니다.

강태우 후배는 지금은 삼성을 퇴직하고 사내에서 작은 사업을 운영하고 있다고 들었습니다.

　세월이 흘러도, 저는 그때 받은 고마운 정을 가슴 깊이 간직하고 있습니다.

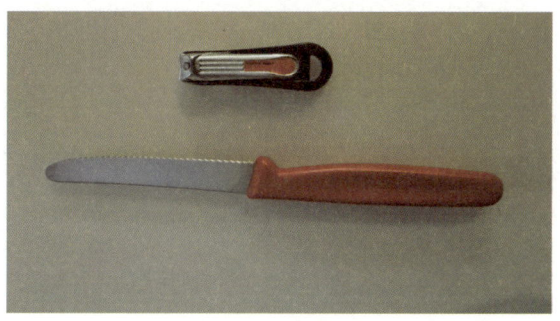

멍게와
서울 아가씨

🖊 저와 아내는 37년 전, 서울 반포 한신교회에서 사찰 집사로 봉사하던 매형과 누나의 중매로 처음 만나 부부의 연을 맺게 되었습니다.

당시 장인어른과 장모님도 같은 교회에 다니고 계셨습니다. 저는 군 복무를 철원 6사단에서 하면서, 휴가 때마다 이 교회에 출석하곤 했습니다.

입사 동기였던 경락이 친구가 먼저 결혼해 잘 사는 모습을 보면서, 저 역시 결혼을 결심하게 되었고, 누님께 "서울에 사는 참한 아가씨를 소개해 달라"고 부탁드렸습니다. 그렇게 지금의 아내와 맞선을 보게 되었습니다.

맞선 장소는 서초동 르네상스 호텔 커피숍이었습니다.

장인, 장모님이 먼저 와 계셨고, 이어 저와 누님 내외가 도착한 뒤 조금 지나 아내가 들어왔습니다.

그 순간, 긴 머리와 따뜻한 인상을 지닌 아내를 보는 순간 저는 '저 여자가 내 여자'라는 확신이 들었습니다.

맞선 후 우리는 고속버스터미널 근처 식당으로 자리를 옮겨 서로의 관심사를 이야기했습니다. 장남과 장녀의 운명적인 만남처럼, 우리는 서로가 찾던 이상형임을 느꼈습니다.

당시 삼성전관 본사는 시청 앞 대경빌딩에 있었는데, 저는 본사 출장을 핑계 삼아 서울에 자주 올라가 아내와 데이트를 즐겼습니다.

만난 지 3개월 만에, 우리는 처가댁에서 양가 친지만 모여 간단히 약혼식을 올렸습니다.

그 후 아내는 처음으로 제가 살고 있던 울주군 삼남면 방기리의 자취방을 방문했습니다. 당시 저는 회사 식당에서 주로 식사를 해결하고 잠만 자던 터라, 변변한 살림살이도 없었습니다. 그런데 아내는 어디선가 조리도구를 구해 와서 저녁을 정성껏 차려주었습니다.

하루는 아내가 신평 5일장에 장을 보러 가겠다며, 빨간버스를 타고 장터에 다녀왔습니다. 서울에서 나고 자란 아내는 그때까지 멍게(우렁쉥이)를 본 적이 없었습니다. 신평장에서 멍게를 처음 본 아내는, 바닷물에서 살아야 하는 멍게를 모른 채, 수돗물에 담가놓았습니다. 바닷물 생물인 멍게는 민물에 담그면 곧바로 죽어 쭈글쭈글해지기 마련입니다. 결국 저는 '민물 멍게회'를 처음 맛보게 되었는데, 솔직히 맛은 거의 없었습니다.

제5장 다시 신불산 아래로 복귀 | 107

그럼에도 불구하고, 낯선 경상도 울주군 방기리까지 내려와 정성껏 차려 준 서울 아가씨의 마음을 생각하며, 감사히 먹었습니다.

그 뒤로도 우리는 함께 횟집에 가서 쓰끼다시로 멍게가 나오면, 약혼 시절 민물에 담갔던 그 멍게와 서로를 향한 풋풋한 마음을 함께 떠올리곤 합니다.

내가 가니
너도 가자

📎 가천공장 관리부에서 약 4년 동안 기획·조사 업무를 맡으며 실력을 쌓고 자긍심도 느끼던 무렵, 저에게 타 부서 전배 제의가 들어왔습니다.

당시 컬러 브라운관 사업은 전성기를 맞아 울산 #8라인 증설 검토가 한창이었습니다.

전임 건설기획 담당자가 말레이시아 프로젝트를 맡게 되면서, 후임으로 저를 추천한 것이었습니다.

사실 관리부 내에서는 비회계 출신이 저 혼자였기에, 장기적으로 미래에 대한 불안감을 느끼고 있었던 터라, 이 기회를 잘되었다고 생각했습니다. 과장님과 면담 후, 관리부장님께도 부서 전배를 요청드렸습니다.

하지만 이때부터 예상치 못한 시련이 시작되었습니다.

관리부장님은 "네가 퇴사하기 전까지는 보내줄 수 없다"며, 부서 전배를 철회할 때까지 모든 업무에서 손을 떼고 자숙하라고 지시하셨습니다. 반면, 증설 프로젝트 리더였던 이향두 팀장님은 건설기획 업무 공백을 이유로 하루빨리 합류하라고 독촉하셨습니다. 하지만 공식 발령이 나지 않은 상태였기에, 어느 쪽으로도 움직일 수 없는 답답한 상황이 이어졌습니다.

결국 저는 매일 출근해서 관리부 자료실에서 시간을 보내야 했습니다. 아침에 출근해 관리부에 얼굴만 비친 뒤 자료실로 가 책을 읽고, 점심시간에 돌아와 부서원들과 식사하고, 다시 자료실로 돌아가는 생활이 반복되었습니다. 하루하루 시간이 흐르면서, '차라리 전배 이야기를 꺼내지 말 걸 그랬다'는 후회와 억울한 마음이 커져만 갔습니다.

그렇게 6개월이 지났습니다.

몸도 마음도 지쳐 퇴직까지 고민하던 어느 날, 출근하자마자 관리부장님께서 저를 부르셨습니다.

"이제 마음고생 그만하고 올라가자. 어제 날짜로 내가 컬러사업부 관리 담당으로 발령 났으니, 너도 같이 가야지!"

그 말씀을 듣는 순간, 긴 기다림 끝에 빛을 본 듯 감사한 마음이 들었습니다.

하지만 부장님이 관리부장 자리에 있을 때는 끝까지 저를 붙잡아 두시다가, 본인이 사업부로 이동하시자 데리고 가겠다는 결정에는 솔직히 서운한 마음도 없지 않았습니다.

힘들고 지친 대기 기간이었지만, 결국 저에게 새로운 여정과 도약의 기회를 열어주신 이향두 팀장님께 이 자리를 빌려 다시 한번 감사의 마음을 전하고 싶습니다.

카드 사용자
랭킹 5위

✏️　1990년대 초, 삼성전관은 브라운관 사업으로 황금기를 맞이하고 있었습니다.

당시 국내외 컬러 브라운관 라인 증설이 활발하게 이루어졌고, 그 중심에는 생산기술센터 조직이 있었습니다.

저는 관리부에서 기획·조사 업무를 마무리하고, 생산기술센터 건설팀으로 전배되어 울산 #8라인 건설 기획을 담당하게 되었습니다. 주요 업무는 공장 내 설비 레이아웃 배치, 투자 예산 산정, 주요 장납기 외자 부품 발주 관리, 프로젝트 전체 일정 관리 등으로, 건설팀장을 보좌하며 공장 건설 전반을 책임지는 비중 있는 역할이었습니다.

나중에 유일에너테크에 입사해 SK온의 생산기술 조직과 삼성SDI를 비교해 보니, 가장 큰 차이점 중 하나가 바로 '건설기획 조직'의 유무였습니다.

건설기획 조직이 없는 경우, 현장 셋업 시 구심점이 없어 우왕좌왕하는 모습을 자주 볼 수 있었고, 언젠가 '건설기획 백서'를 만들어 후배들에게 전수하고 싶다는 생각도 품게 되었습니다.

건설기획 이야기는 여기까지 하고, 이제 본론으로 돌아가겠습니다.

프로젝트 경비 예산을 관리하다 보니, 부서 자체 회식은 물론, 외국 설비업체 기술자들과의 회식 자리에도 자주 참석하게 되었고, 자연스럽게 법인카드 결제를 맡게 되었습니다.

울산 #8라인 증설이 마무리되고, 중국 천진 공장 건설기획이 막 시작될 무렵, 가천공장 관리 과장님으로부터 연락이 왔습니다. "잠깐 보자"고 하시더니, 다음 주부터 본사 감사팀이 가천공장에 내려올 예정이라며 미리 귀띔해 주었습니다. 주요 감사 대상이 '일반 경비'를 많이 사용한 임직원이라는데, 공장 전체 카드 사용 기록을 뽑아보니 제가 사용 랭킹 5위 안에 들었다는 것입니다.

순간 머리가 띵했습니다.

물론, 혼자서 밥 먹고 술 마신 것도 아니고, 울산·양산세관 직원들과의 식사처럼 업무 협조를 위한 경우도 많았지만, 일본 업체 기술자들과 인원이 많아 한 번 회식비가 크게 나간 경우도 몇 번 있었기에 마음이 무거웠습니다. 몇 년 치 카드 사용 내역의 사유를 일일이 어떻게 정리해야 하나, 고민에 밤잠을 설칠 정도였습니다.

2주가 지나도 감사팀으로부터 별다른 호출이 없어 조바심이 나던 중, 제가 직접 관리 과장님을 찾아가 상황을 물었습니다. 그러자 과장님이 웃으며 말했습니다.

"감사팀이 일반 경비 사용 내역을 조사하다가, 경영에 민감한 정보가 오픈되면 오히려 회사에 부작용이 생길 수 있다고 판단해, 더 이상 감사 진행을 하지 않고 철수했다."

저는 그 말을 듣고 정말 십 년 감수한 기분이었습니다.

그 사건 이후, 부서 경비 결제 방식도 개선해, 한 사람의 카드에 집중되지 않도록 부서원들이 돌아가며 카드를 사용하는 방식으로 바꿨습니다.

샴푸인가
로션인가

📎 컬러 브라운관 사업의 국내 원가 경쟁력이 약화되던 시절, 세계 최초로 8.5초 혁신 공법을 적용한 공업용 브라운관 라인을 가천공장에 건설하기로 결정되었습니다. 이에 따라 공기가 오래 걸리는 건축공사를 먼저 착수해, 기초 파일 공사가 한창 진행 중이었습니다.

그런데 외자로 발주한 장납기 설비 중 하나였던 에어 컴프레서 제작이 진행되던 도중, 난감한 소식이 전해졌습니다.

본사 기획팀을 통해 그룹 비서실의 최종 승인 결과가 내려졌는데, 국내 증설은 더 이상 허가할 수 없다는 결론이 나온 것입니다.

당시 공장 기초는 파일 박기와 콘크리트 기초보 타설까지 완료한 상태였고, 상부는 잔토 정리 정도만 마무리된 상황이었습니다. 그러나 문제는 외자로 미국에 발주한 에어 컴프레서였습니다. 국내 에이전트인 삼성항공(현 삼성테크윈) 측에 대금의 50% 이상을 이미 지급한 상태였기에 발주를 취소할 수 없었습니다.

결국, 해당 설비는 다른 프로젝트로 전용하기로 결정하고, 제작 및 검수를 계속 진행하기로 했습니다.

프로젝트 취소로 인해 참여했던 대부분의 멤버들은 다른 부서로 이동 배치되었고, 이향두 팀장과 몇몇 남은 인원들은 타절 정산 작업에 매달렸습니다.

그 와중에 본사 감사팀의 감사가 이어졌습니다.

프로젝트 중단 경위, 비서실 승인 이전 선(先) 착공 사유, 후속 정산 처리 등 단계별로 조사받아야 했는데, 다행히도 모든 절차가 공장장까지 결재를 득하고 진행된 사실이 확인되어 실무자들은 별다른 문책을 받지 않았습니다.

하지만 감사 대응하는 동안 엄청난 스트레스를 받아야 했습니다.

그런 과정을 거쳐, 드디어 미국으로 컴프레서 최종 검수를 나가게 되었습니다. 이향두 팀장님이 저와 유틸리티 설비 담당이던 강규섭 대리를 불러 "지금까지 고생했으니 마지막까지 잘 마무리하고 오라"고 하시며 미국 출장 명령을 내리셨습니다.

저는 그때까지 해외 출장은 일본만 몇 차례 다녀왔고, 미국은 처음이었습니다. 출장지인 애틀랜타로 향하기 위해 뉴욕에서 다시 소형 프로펠러기를 타고 이동해야 했습니다.

애틀랜타 호텔에 도착한 첫날 밤, 샤워를 마치고 로션을 바르고 잠자리에 들었는데, 얼굴이 화끈거려서 도저히 잠을 이룰 수 없었습니다. 세면대에서 다시 세수를 했지만, 얼굴에서 거품이 계속 나왔습니다.

처음에는 '미국 수돗물이 이상한가?' 하고 의심했지만, 다시 로션 병을 확인해 보니 깜짝 놀랐습니다. 아내가 여행에 편하라고 로션 병에 샴푸를 담아줬던 것이었습니다. 저는 확인도 하지 않고 그것을 얼굴에 발랐던 것입니다.

그 이후로, 해외 출장을 갈 때마다 내용물을 꼼꼼히 확인하는 습관이 몸에 배게 되었습니다.

이틀 만에
설비 입고

✎ 가천공장 #8라인 증설 공사에서 BM/SRY 공정은 일본 히라다, 봉입기는 도시바 세이키, 전장 부품인 PLC류는 샤프에서 도입했습니다.

저는 건설기획 담당자로서 외자 설비의 반입 관련 업무를 전담하여 Follow-up 하게 되었습니다.

원활한 수입 통관과 물류 운송을 위해 울산/양산 세관을 자주 방문해 설비 용도 및 분할 선적 일정에 대해 사전 설명을 드렸고, 자연스럽게 통관 부서 및 세관 직원들과 회식 자리를 갖게 되기도 했습니다.

그해 하기 휴무 기간 중에는 #1라인 기종 전환 개조공사가 예정되어 있었는데, 공사 기간은 단 2주. 그 안에 기존 설비 철거, 신규 설비 설치, 개조 및 시생산까지 완료해야 하는 긴급한 프로젝트였습니다.

설비 제작업체는 일본 구마모토에 있는 히라다사였고, 이 설비를 이틀 내에 후쿠오카항에서 가천공장까지 운송하고 통관까지 마쳐야 했습니다.

정상적인 컨테이너선을 이용하면 최소 5일 이상 소요되고, 중간에 휴일이 끼면 추가로 지연된다고 운송사로부터 회신을 받았습니다.

운송 물량은 트럭 10대 분량으로 많지 않은 편이었기 때문에, 부관페리(시모노세키항 ↔ 부산항) 정기 여객선을 이용하는 방법을 제안받았습니다. 부관페리는 사전 예약만 하면 스페이스를 확보할 수 있고, 통관도 비교적 간편했습니다.

결국, 전날 저녁 7시에 시모노세키항을 출발한 부관페리는 다음날 아침 8시에 부산항에 도착했고, 울산 세관과 사전 조율하여 사내 보세 장치장에서 사후 통관 처리 후, 그날 오후에 설비를 가천공장 현장에 입고시켰습니다.

결과적으로, 이틀 만에 일본에서 가천공장까지 설비를 입고시키는 진기록을 세우게 되었습니다.

물론 이는 저 혼자만의 힘이 아니었습니다.

현재 씨엘에스(CLS) 대표이신 류동현 사장님, 최상율 상무님 등 관련 부서의 적극적인 협조와 울산 세관 관계자들의 지원 덕분이었습니다.

이 경험을 계기로 부서 내에서 저는 '물류통'으로 불리게 되었고, 이후 멕시코법인의 중고 설비를 수입해 개조 후 헝가리 법인에 재수출하는 등 해외 라인 건설 프로젝트도 원만히 추진할 수 있는 기반을 마련할 수 있었습니다.

학록대사의 내공

제가 생산기술팀에서 주무 대리로 일하던 시절이었습니다. 당시 저는 사업부 전체 투자예산 관리, 각종 경비 처리, 안전 업무, 자료실 관리 등 팀장님을 보좌하는 사무 지원 업무를 담당하고 있었습니다.

그러던 어느 날, 부서원 중 한 분이 아내를 먼저 하늘로 보내는 안타까운 일을 겪게 되었습니다.

같은 파트에서 안전 업무를 맡고 있던 김학록 주임이 저를 찾아와 말했습니다.

"대형 프로젝트 때 고사를 주관했던 경험이 있으니, 이번에는 제가 상가에 가서 필요한 일을 모두 챙기겠습니다."

평소 김 주임은 머리를 거의 스님 수준으로 짧게 깎고 다녔고, 밤에는 암자에서 지낸다는 소문이 돌 만큼 이 방면에 전문가로 통했습니다. 저는 그의 제안을 흔쾌히 수락했습니다.

퇴근 후 부서원들과 함께 상가에 조문을 갔는데, 저는 깜짝 놀랐습니다. 김학록 주임이 장삼을 걸치고 가부좌를 튼 채, 목탁을 두드리며 『반야심경』을 외우고 있었던 것입니다.

> 마하반야바라밀다심경
> 摩訶般若波羅密多心経
> 관자재보살 행심반야바라밀다 시 조견 오온개공 도일체고액 사리자 색불이공
> 観自在菩薩 行深般若波羅密多 時 照見 五蘊皆空 度一切苦厄 舍利子 色不異空
> 공불이색 색즉시공 공즉시색 수상행식 역부여시 사리자 시제법공상 불생불멸
> 空不異色 色即是空 空即是色 受想行識 亦复如是 舍利子 是諸法空想 不生不滅
> 불구부정 부증불감시고 공중무색 무수상행식 무안이비설신의 무색성향미촉법
> 不垢不浄 不增不感是故 空中無色 無受想行識 無眼耳鼻舌身意 無色声香味触法
> (이하 생략)

저는 아내를 잃은 부서원을 위로하는 한편, 곁눈질로 김 주임을 지켜보았습니다. 30분 넘게 목탁을 두드리며 『반야심경』을 한 치의 흐트러짐 없이 외우는 모습을 보면서, '혹시라도 중간에 틀리면 어쩌나.' 하는 걱정은 기우였다는 것을 깨달았습니다. 그의 염불 소리는 맑고도 깊었고, 주변에서도 자연스럽게 감탄이 터져 나왔습니다.

'아…. 사람은 겉모습만 보고 판단하면 안 되는구나.'

평소 김 주임을 가볍게만 여겼던 사람들도 이날 이후로는 존경 어린 눈으로 바라보게 되었습니다. 그리고 모두가 자연스럽게 그를 '학록대사'라고 부르게 되었습니다.

제6장

붉은 수수밭,
도원결의

:: 공작 거점과 공작금
:: 만리장성도 한두번
:: 탁구도 과하면 목발 신세
:: 천진 온천빈관의 도원결의
:: 중국어는 몸으로 배우는게 지름길
:: 산동성 출신 무림 고수의 결투
:: 북경 오도리(새우) 24마리
:: 옥수수밭에 물채우기
:: 장백산에 영역 표시하기
:: IMF의 눈물

공작 거점과
공작금

🖋 국내 브라운관 라인 증설 프로젝트를 마무리한 후, 저는 중국 천진 프로젝트의 건설기획 담당으로 발령받았습니다.

국내에서 약 37명의 프로젝트 멤버를 구성하여 수차례 사내외 워크숍을 통해 건설 백서를 완성했고, 1996년 하반기부터는 북경 전자설계원과 함께 중국 정부 승인을 위한 건축설계 작업을 약 3개월간 진행하였습니다.

당시 저는 한 달에 절반은 한국에서, 나머지 절반은 중국에서 지내며 설비, 건축, 유틸리티 코디네이션 업무를 수행했습니다.

천진공장 현장 위치는 양촌 지역이었지만, 초기 천진법인 사무실은 천진 시내 국제빌딩에 자리 잡고 있었습니다. 삼성전자 천진사무소도 같은 건물에 있어 자연스럽게 협업이 가능했습니다.

아직도 첫 방문 당시가 생생히 기억납니다.

법인장(총경리)님은 아직 부임 전이었고, 부총경리인 홍성표 부장님이 저를 맞아주셨습니다. 그런데 부장님의 첫 마디에 저는 귀를 의심할 수밖에 없었습니다.

"전 동지, 먼 길 오느라 수고 많았소. 이제 천진에 공작 거점이 마련되었고, 공작금도 확보되었으니, 선발대로 나와있는 동지들과 함께 맡은 과업을 성실히 수행해 주기 바라오!"

순간 저는 '내가 삼성법인에 출장 온 게 맞나? 혹시 북조선 첩보기관에 잘못 온 게 아닌가?' 하는 착각이 들 정도였습니다.

간단한 상견례를 마친 후 점심 식사 자리에서는 38도짜리 마오타이주를 권했습니다. 강한 술에 순간 정신이 아찔했지만, 2시간쯤 지나니 술기운도 가셨습니다.

나중에 들은 이야기로는, 홍 부장님은 삼성물산 홍콩 주재원 출신으로, '중국통'으로 통하던 분이었습니다. 특히 술자리에서는 국민의례, 임석 상관에 대한 경례 등 독특한 주도(酒道) 문화를 통해 좌중을 압도하는 카리스마를 보여주곤 했습니다.

천진 입성 첫날, 저는 정말 색다른 경험을 했고, 그날의 기억은 지금도 생생하게 제 기억 속에 남아있습니다.

만리장성도
한두 번

📎 중국 북경을 찾는 대부분의 한국인 관광객이라면 반드시 들르는 곳이 몇 군데 있습니다. 자금성, 천안문, 천단공원, 이화원, 그리고 만리장성*이 바로 그것입니다.

특히 중국인들이 '장성(長城)'이라 부르는 만리장성은, 인공위성에서도 관측된다고 알려진 세계 유일의 인공 건축물 중 하나입니다.

중국에는 이런 속담이 있습니다.

不到長城非好漢

만리장성에 오르지 않으면 참된 사내가 아니다.

不吃烤鴨真遺憾

북경오리를 먹지 않으면 정말 한이 된다.

---

* 중국 만리장성(萬里長城)의 실제 총 길이는 21,196.18km입니다.
  - 이 수치는 2012년 중국 국가문물국(国家文物局)의 공식 조사 결과이며, 기존에 알려진 약 6,000km보다 훨씬 더 길다는 것이 밝혀졌습니다.
  - 만리장성의 주요 특징
    ① 건설 시기: 춘추전국시대(기원전 7세기)부터 시작되어, 주로 진시황(기원전 221년경)이 통일 후 확장했고, 명나라(1368~1644) 때 지금 우리가 보는 모습으로 완성됨
    ② 길이 구성: 성벽뿐만 아니라, 자연 지형을 이용한 방어선, 해자, 요새 등도 포함되어 있음
    ③ 주요 구간: 산하이관(秦皇岛), 거용관(北京), 바다링(八达岭), 지아위관(嘉峪关) 등
       즉, 만리장성은 단순한 벽이 아니라 광대한 군사 방어 체계로, 중국 역사상 가장 거대한 건축물 중 하나입니다. (챗봇 발췌)

첫 번째 문구는 실제로 **마오쩌둥(毛沢東)**의 발언에서 유래된 것으로 알려져 있습니다.

두 번째는 공식적인 문헌 기록은 없지만, "베이징을 방문하면 반드시 북경오리를 먹어야 한다"는 대중적인 인식에서 생겨난 표현으로 보입니다.

저는 중국에서 2년(1996년~1998년) 생활하는 동안 만리장성을 세 번 방문했습니다.

첫 번째 방문은 건설 프로젝트 멤버들과 함께 문화 체험 목적으로,

두 번째는 고인이 되신 김동환 부장님이 출장 오셨을 때 안내 차,

세 번째는 34인치 브라운관 라인 킥오프 행사 이후, 대표이사님과 함께였습니다.

첫 번째, 두 번째 방문은 비교적 가벼운 마음으로 즐겁게 다녀올 수 있었습니다. 그러나 세 번째 방문은 상황이 달랐습니다.

34인치 브라운관 건설을 성공적으로 완수하고, 중국 대륙을 평정하자는 상징적 의미로 기획된 만리장성 등반 행사였습니다. 하지만 한여름, 삼복 더위 속에서 억지로 참석하게 된 저는 왕복 두 시간에 걸친 트레킹이 정말 고역이었습니다.

게다가 다른 임직원들은 양산과 모자를 지급받아 햇볕을 피했는데, 제 앞에서 물량이 떨어져 저는 그대로 땡볕에 노출되었습니다. 트레킹을 마치고 내려왔을 때 제 얼굴은 벌겋게 달아올라 있었고, 어떤 임원이 저를 보더니 농담 반, 진담 반으로 이렇게 물었습니다.

"낮술 드셨습니까?"

그때의 고생이 너무 뼈저렸던 탓인지, 이후로는 다시는 만리장성에 갈 생각조차 하지 않게 되었습니다.

탁구도 과하면
목발 신세

📎 국내 건설 현장에서도 안전사고가 발생하지만, 해외 라인 건설 현장 역시 예외는 아닙니다.

천진 공장 건설 초기에는 건축공사 현장에서 인명 사고가 발생했고, 설비 설치 중에는 국내 협력업체 직원이 물류 컨베이어 천장에서 용접 작업을 하다가 추락하는 사고가 일어나기도 했습니다. 그로 인해 한동안 현장 분위기는 매우 침체되어 있었습니다.

그런 와중에 부활주일을 앞둔 금요일, 저는 개인적으로 금식하고 있었습니다. 그런데 법인장님이 다른 간부에게 이런 말씀을 했다는 소문을 들었습니다.

"전 과장이 오늘 점심을 먹으러 식당에 오면 사이비 신자고, 안 오면 진실한 신자다."

배고픔을 참아볼까 고민했지만, 결국 한참 늦게 혼자 식당에 가서 점심을 먹었습니다. 그리고 건설 사무실 쪽으로 걸어오는 길에, 사무실 앞에 대기 중인 구급차 한 대를 보게 되었습니다. 구급차에서는 누군가 들것에 실려 긴급히 이송되고 있었습니다.

'아, 또 현장에서 사고가 났구나. 며칠 전에도 추락 사고로 본사에 경위서를 올렸는데, 이번엔 누가 다친 걸까?'

이런 생각으로 사무실에 들어와 확인해 보니, 이번에 다친 사람은 이 대리였습니다.

어떻게 다친 건지 물어보아도 주변 직원들의 표정은 어딘가 묘했습니다. 그때 통역 겸 사무원으로 근무하던 조미화 사원이 조심스럽게 말했습니다.

"사무실 옆 체력단련장에서 탁구를 치다가 스매싱을 심하게 하려다 중심을 잃고 넘어져, 무릎 밑 정강이뼈가 부러진 것 같아요."

이 말을 듣고 저는 한동안 멍해졌습니다.

'이걸 어떻게 사고 보고서에 작성해야 하나…' 고민이 머리를 꽉 채웠습니다.

그날 오후 해 질 무렵, 이 대리는 병원에서 깁스를 한 채, 급한 대로 백파이프를 용접해 만든 임시 목발을 짚고 사무실로 절뚝거리며 돌아왔습니다.

아픈 사람을 보며 나무랄 수도 없고, 속으로는 웃음을 참느라 혼났습니다.

제 평생에 탁구 치다가 다리 부러진 사람은 천진에서 처음 보았거든요.

천진 온천빈관의
도원결의

🖊 천진에서 건설기획을 담당하던 당시, 제주 업무 중 하나는 수출입 물류 관리였습니다.

한국과 일본에서 제작한 설비를 공사 스케줄에 맞춰 정확히 운송하고 통관하여 현장에 반입하는 일이었죠. 이 과정에서 자연스럽게 천진 법인의 관련 부서 담당자들과 교류가 많아졌고, 덕분에 현지에서 나름대로 탄탄한 인맥을 쌓을 수 있었습니다.

어느 날 저녁, 중국『삼국지』에 나오는 유비·관우·장비처럼 우리도 도원결의*를 맺어보자며 천진 온천빈관 자이언트 노래방에 모이게 되었습니다.

복숭아꽃이 흐드러지게 핀 도원(桃園)은커녕, 한겨울이라 복숭아나무는 물론 꽃 한 송이 구경할 수 없는 터라 복숭아 주스 캔을 시켜놓고 의형제의 연을 맺기로 했습니다.

그날 맺은 '삼 형제'를 소개하면 이렇습니다.

---

* 도원결의(桃園結義)는 중국 삼국지에서 유비(劉備), 관우(関羽), 장비(張飛) 세 사람이 복숭아나무 동산(도원, 桃園)에서 의형제를 맺은 사건을 의미합니다.
　① 도원결의의 배경:
　　- 당시 후한(後漢) 말기, 황건적의 난(黃巾賊之乱)이 일어나 나라가 혼란스러웠습니다. 이에 유비, 관우, 장비는 의형제를 맺고 힘을 합쳐 나라를 구하겠다는 뜻을 세웁니다.
　② 의미와 상징성:
　　- 의리와 충성의 상징: 세 사람은 생사를 함께하며 끝까지 의리를 지킨다는 맹세를 했습니다.
　　- 우정과 신뢰의 표본: 이후에도 '도원결의'는 친구나 동료 간의 깊은 우정을 의미하는 말로 쓰입니다. (챗봇 발췌)

- 큰형님: 공관부 장배지 부장
- 둘째 형: 전호춘 과장
- 막내: 오형강 사원(통관 담당)

이후 제 아내가 천진에 들어온 뒤에는, 부부 동반으로 정량춘이라는 중식당에서 삼 형제 모임을 종종 가지며 우정을 다졌습니다.

이렇게 쌓은 인연은 단순한 친분을 넘어, 중국 사회에서 매우 중요하게 여기는 '관시(關系)'로 발전했습니다.

참고로 관시는 단순한 인간관계를 넘어 신뢰와 상호 이익을 기반으로 한 네트워크를 의미하며, 중국 문화에서는 사회적·비즈니스적 성공에 있어 결정적인 역할을 합니다.

덕분에 저는 긴급 상황에서도 세관 직원들이 토요일에 현장까지 직접 나와 통관을 도와주었고, 설비 포장 박스에 혼입되어 있던 소주나 라면 같은 문제성 물품도 별 탈 없이 잘 해결할 수 있었습니다.

아쉬운 것은, 지금은 서로 연락이 끊겨 얼굴을 볼 수 없다는 점입니다. 특히 큰형님이 저보다 10살 이상 많으셔서, 더 늦기 전에 다시 중국에 가서 꼭 한 번 만나고 싶은 마음이 간절합니다.

중국어는 몸으로 배우는 게 지름길?

✎ 중국에서의 원활한 업무 수행을 위해 약 3개월간 회사 내 중국어 과정을 수강한 후, 톈진(천진)으로 출장을 떠났습니다. 그러나 실제 현지에서의 소통은 생각만큼 쉽지 않았습니다.

중국어의 특성상 4성 성조를 귀에 익히는 것부터가 큰 도전이었고, 언어 너머의 문화적·역사적 차이 역시 낯설기만 했습니다.

앞장에서 언급했듯이, 저는 현지에서 통관과 운송 등 외부와의 커뮤니케이션이 필요한 업무를 맡고 있었기에, 단기간의 사내 교육만으로는 턱없이 부족했습니다. 그래서 선택한 방법은, 퇴근 후 머물던 호텔에서 중국어 개인 교습을 받는 것이었습니다.

첫 번째 선생님은 톈진 사범대학 3학년에 재학 중이던 여학생이었는데, 저녁 8시에는 삼성전자 출장자에게 수업을 하고, 9시에는 저에게 수업을 진행했습니다. 약 3개월 정도 수업을 들었지만, 아내가 톈진으로 오게 되면서 상황이 달라졌습니다. 당시 선생님의 복장이 핫팬츠에 민소매였는데, 아내가 "공부하는 데 집중이 안 된다"며 선생님을 바꾸라고 권유했고, 결국 수업을 중단하게 되었습니다.

두 번째 선생님은 남개대학 한국어과 2학년에 재학 중인 여학생이었는데, 오히려 한국어를 더 많이 말하고 싶어 해 수업 진행이 원활하지 않아 제가 먼저 그만두었습니다.

세 번째 선생님은 중국 역사 전공의 대학원생이었는데, 6·25 전쟁을 '미국과 한국이 북한을 침략해서 일으킨 전쟁'으로 인식하고 있어서 역사관의 차이가 커 결국 수업을 이어가지 못했습니다.

이렇게 선생님을 세 번이나 바꾸는 동안 중국어 실력은 좀처럼 늘지 않았지만, 재미있는 일이 하나 있었습니다. 첫 번째 중국어 선생님의 친구였던 장 샤오제(張小姐)를 제 동료 이 대리에게 소개해 줬는데, 정작 개인 교습의 효과는 그 친구에게 나타났습니다.

훗날 삼성그룹 국경연에서 중국 주재원 교육을 받을 때, 수강생들의 실력에 따라 반을 나누었는데 이 대리는 최고 반인 '심양반'에, 저는 그보다 한 단계 아래인 '천진반'에 배정되었습니다.

프라이버시를 고려해 천진에서의 구체적인 중국어 학습 방식은 생략하겠지만, 하나 확실한 건 있습니다. 현지에서 직접 부딪히며 몸으로 배우는 중국어가 때로는 가장 빠른 길이라는 말, 그 말이 꼭 틀리지는 않다는 걸 느낄 수 있었던 경험이었습니다.

산동성 출신
무림 고수의 결투

✏️ 천진 공장에서 설비 반입이 어느 정도 마무리되고 시운전 단계에 접어들었을 때쯤, 야간 시간대에 부품 분실 사고가 자주 발생하기 시작했습니다.

대응 방안으로 천진 법인에서는 기존 보안요원 외에 본사 설비건설팀 주도로 야간 자체 방범대를 운영하기로 했습니다.

산동성 출신 무술 유단자 7명을 선발하여 출입문에 배치하고, 정희범 상무님(당시 법인장)의 지시로 "도둑을 잡으면 해당 물건값만큼 포상금을 지급한다"는 포고문을 사내 게시판에 붙였습니다.

초기에는 어느 정도 효과가 있었으나, 시간이 지날수록 오히려 고가 부품 도난이 빈번해졌고, 포상금 지급에도 한계가 왔습니다. 심지어 제어 프로그램용 노트북이 도난당하는 사건도 발생했습니다.

어느 날, 임시 천막을 뚫고 몰래 침입한 인물을 자체 방범대원이 포승줄로 묶어 체포했습니다.

(※ 사전에 '야간에는 무조건 지정된 통로로만 출입해야 하며, 위반자는 포승줄로 제압'이라는 지침이 내려져 있었습니다.)

그런데 붙잡힌 인물은 다름 아닌, 법인 보안요원의 하숙집 아들이었습니다.

그는 "훔치러 들어온 것이 아니라 단지 공장 내부를 구경하고 싶었다"고 완강히 항변했고, 주변이 소란스러워지자 법인 보안요원들이 현장에 몰려들며 결국 자체 방범대와 보안요원 간에 집단 패싸움이 벌어졌습니다.

이후 알게 된 사실인데, 자체 방범대는 설비 하역 작업을 맡았던 '청도 간사이'소속 직원들이었고, 그들은 회사 숙소에 연락해 60여 명을 추가로 동원해 싸움에 가담했습니다. 결국, 보안요원 2명이 갈비뼈와 치아가 부러지는 큰 부상을 입고 병원에 입원하게 되었습니다.

다음 날, 저는 공관부에서 호출을 받아 회의실에 갔고, 그곳에는 양촌 공안국 경찰, 장배지 부장(의형제 큰형님), 법인 보안대장, 조선족 통역이 기다리고 있었습니다.

공안국 경찰은 "보안요원 부상 사건은 중대 사안이며, 주요 가담자와 책임자는 법적 구속이 불가피하다"고 통보했습니다.

저는 강하게 맞섰습니다.

"야간에는 지정된 통로를 이용해야 한다는 공고가 명시되어 있었고, 이를 어긴 무단 침입자가 사건의 원인 제공자입니다. 만약 저를 구속한다면 천진에 파견된 300여 명의 한국 기술자 전원을 국내로 철수시키겠으며, 그로 인한 납기 지연 책임은 전적으로 법인 보안실에 있습니다."

약 2시간 동안 격렬한 논쟁이 오갔지만 결론은 쉽게 나지 않았습니다.

그때까지 침묵하던 장배지 부장(큰형님)이 절충안을 제시했습니다.

"결과만 보지 말고, 사건의 본질을 봐야 합니다. 침입자와 이를 두둔한 보안요원, 집단 구타한 자체 방범대 모두 책임이 있습니다. 청도 간사이 측이 입원 치료비와 3개월치 인건비를 부담하고, 법적 구속은 하지 맙시다."

이 절충안은 받아들여졌고, 사건은 원만히 마무리되었습니다.

하지만 사건이 지나고 나서, '소림사* 출신 산동성 무술 유단자'라던 자체 방범대는 사실 무술과는 아무런 관련이 없는 사람들이었다는 것이 드러났습니다.

그때 속았던 일을 떠올리면, 지금도 씁쓸한 웃음이 절로 나옵니다.

---

* 중국 소림사(少林寺) 개요
  - 소림사(少林寺)는 중국 허난성(河南省) 덩펑시(登封市)의 숭산(嵩山)에 위치한 유명한 불교 사찰로, 특히 소림 무술(少林武術)의 발상지로 잘 알려져 있습니다. 중국 불교와 무술의 역사에서 중요한 위치를 차지하며, "선(禪)과 무(武)가 하나"라는 철학을 바탕으로 합니다.
  ▶ 소림사의 역사
  ① 창건과 초기 발전
    - 창건: 서기 495년, 북위(北魏) 효문제(孝文帝)의 명으로 인도 승려 바투(跋陀, Batuo)가 숭산(嵩山)에 창건
    - 초기 역할: 불경 번역 및 선종(禪宗) 수행 중심지로 발전
  ② 달마대사의 방문과 선종(禪宗) 발전
    - 달마(達摩, Bodhidharma): 5~6세기경 인도에서 중국으로 건너온 승려
    - 벽관(壁観) 수행: 소림사 근처 달마동(達摩洞)에서 9년간 면벽 수행
    - 중국 선종의 기초 확립: 소림사가 중국 선종(禪宗)의 중심지로 성장하는 계기가 됨
  ③ 소림 무술의 시작
    - 전해지는 설화에 따르면, 달마 대사가 소림사 승려들의 체력 강화를 위해 『역근경(易筋経)』을 전수하면서 소림 무술이 시작되었고, 이후 승려들이 수도와 함께 무술을 익히면서 소림사는 중국 무술의 성지로 자리 잡음 (챗봇 발췌)

북경 오도리(새우)
24마리

🖋 천진 브라운관 공정의 대형 막공정(BM/SRY) 설비는 일본 구마모토에 있는 '히라다'라는 업체에 발주되었습니다.

설비 검수 일정이 다가오면서, 국내에서는 이준 이사님과 채희주 팀장님을 포함한 생산기술팀 인원이 김해공항을 통해 일본으로 이동했고, 저는 중국 천진에서 북경 공항을 거쳐 일본 현지에서 합류하기로 했습니다.

그러나 출국 전날, 해운사 천진 주재원들과 가진 회식이 늦게까지 이어졌고, 숙취로 인해 아침에 늦잠을 자는 바람에 북경 공항에 도착했을 때는 이미 탑승 15분 전이었습니다.

아무리 사정을 해도 탑승 수속이 불가능했기에 "북경공항 안개로 인해 항공기 이륙이 지연됐다"고 보고한 뒤, 다음 날로 일정을 변경하고 북경 시내 호텔에 머물기로 했습니다.

오후까지 숙취로 잠을 자다가, 허기진 배를 채우기 위해 호텔 근처 농수산물 시장으로 향했습니다.

지하 해산물 코너에서 싱싱한 오도리 새우(オドリエビ)가 눈에 들어왔고, '이걸 먹으면 힘이 솟겠지?' 하는 생각에 생새우 반 근(약 250g)을 구입했습니다.

마릿수로 24마리. 와사비(ワサビ)와 간장을 사서 즉석에서 양념을

만들어 싱싱한 새우를 모두 먹어치웠습니다. 그때는 정말 배가 든든하고 기운이 솟는 듯했지만, 곧 심각한 문제가 터졌습니다. 빈속에 생새우를 과다 섭취한 탓에 배가 부글부글 끓기 시작했고, 곧 참을 수 없는 신호가 왔습니다.

급히 택시를 잡아타고 목적지인 북경 동인당(北京同仁堂)으로 향하던 중, 상황이 급박해졌습니다. 운전기사에게 부탁해 가까운 공중화장실에 내려달라고 요청했습니다.

급히 뛰어들어가려는데, 화장지가 없었습니다. 택시 기사에게 화장지를 사 오라고 부탁하고 급히 화장실 안으로 들어갔습니다.

그런데 그곳에서 중국 공중화장실의 황당한 광경을 처음 목격하게 되었습니다.

칸막이도, 문도 없이 긴 콘크리트 도랑 위에 발판만 있는 구조. 엉덩이를 까고 볼일을 봐야 하는 상황이었습니다.

다행히 아무도 없어서 급한 볼일을 마쳤지만, 문제는 화장지가 없다는 것이었습니다.

시간이 지나도 택시 기사는 오지 않고, 저는 용변 자세 그대로 다리가 저리고, 악취에 질식할 것 같은 고통 속에서 속수무책으로 기다려야만 했습니다.

그때 한 젊은 중국 남성이 손에 두루마리 휴지를 들고 화장실에 들어왔습니다. 그는 제 앞에 앉아 태연히 볼일을 보기 시작했습니다.

염치 불고하고 휴지를 조금 나누어 달라고 간청했고, 그는 약간 떼어주었습니다. 급히 대충 뒤처리를 하고 밖으로 나오니 그제야 택시 기사가 화장지를 건네주었습니다.

그날 북경에서 겪은 이 아픈 경험 덕분에, 그 후로는 다시는 생새우를 날로 먹지 않게 되었습니다.

북경 오도리 사건은 제게 평생 잊을 수 없는 트라우마로 남았습니다.

옥수수밭에
물 채우기

✏️ 천진 삼성전관 초기 공장 부지는 전체 약 8만 평 규모였습니다. 이 중 약 4만 평에는 생산 공정 및 지원 시설이 들어섰지만, 나머지 절반은 나대지 상태로 방치되어 있었습니다.

초겨울이 다가오자, 잡초는 말라죽고 근처 농민들이 심어놓은 옥수수밭도 수확을 끝내 넓은 벌판은 더욱 황량해졌습니다. 바람이 불 때마다 끝없는 먼지가 나대지에서 일어나 공장 주변을 덮쳤습니다.

문제는 이 먼지가 설비 반입을 위해 열어둔 메인 게이트를 통해 공장 내부로 대량 유입된다는 것이었습니다.

아무리 청소를 해도 클린 룸 관리는 되지 않았습니다.

초대 법인장이셨던 정희범 상무님은 설비 반입 게이트에 방풍실을 설치하고, 생산직 인원을 중심으로 **클린 키퍼(Clean Keeper)**를 배치해 설비 표면의 오염물을 닦아내는 작업을 지시했습니다.

브라운관 공정에서 발생하는 주요 불량 중 하나가 섀도 마스크(Shadow Mask) 구멍 막힘이었는데, 이 구멍의 크기가 불과 0.2~0.4mm에 불과했습니다. 미세한 오염 입자가 공정 내를 떠다니다가 시간이 지나 마스크 표면에 부착되면서 결정적인 불량이 발생하는 것이었습니다.

먼지 유입 문제를 해결하기 위해 여러 가지 방안을 논의하던 중,

누군가가 "나대지에 물을 채우자."라는 파격적인 아이디어를 제안했습니다.

보고를 받은 정희범 상무님은 잠시 고민한 끝에 결단을 내렸습니다.

"곧 겨울이 오면 외부 온도가 영하로 떨어질 것이다. 물이 얼어버리면 먼지 발생 자체를 원천 차단할 수 있지 않겠는가?"

그렇게 나대지 주변에 낮은 둑을 만들어 둘러친 뒤 물차를 동원해 물을 채우기 시작했습니다.

며칠 후, 기온이 급격히 떨어지면서 나대지는 거대한 스케이트장처럼 꽁꽁 얼어붙었습니다. 결과는 대성공이었습니다.

먼지 발생이 눈에 띄게 줄어들었고, 클린 룸 관리도 한결 수월해졌습니다.

이 일은 고(故) 정주영 현대그룹 창업주가 서해안 간척사업 당시 마지막 물막이 공사에서 고철선을 침몰시켜 공기를 단축시켰던 기지를 떠올리게 했습니다. 비록 규모나 역사적 의미는 다를지 몰라도, '물로 먼지를 막는다'는 발상의 '전환은 당시 천진 공장에서 분명히 유의미한 효과를 낳았습니다.

장백산에
영역 표시하기

✏️ 브라운관 막공정(BM/SRY)의 설비 설치 과정 중, 설비가 설치되기 전에 바닥면에 1차 에폭시 페인트를 칠하고, 설치 후에는 2차 코팅을 해서 공정을 클린 룸으로 관리하게 되는데, 이 2차 코팅은 두께가 두꺼워 건조 기간이 약 4~5일이 걸립니다. 이 기간 동안 공정에 출입할 수 없게 되어, 우리는 이를 '에폭시 휴가'라고 불렀습니다.

당시 저는 6개월 이상 장기 파견이 예상되었고, 3개월이 지난 후부터는 가족을 초청할 수 있는 항공권 지원도 있었기에, 저의 아내도 천진에 함께 들어와 생활하게 되었습니다. 그래서 에폭시 휴가 기간을 이용해 우리는 백두산*(중국명: 장백산)으로 여행을 가기로 결심했습니다.

천진에서 북경으로 이동한 뒤, 북경에서 연길 공항으로 비행기를 타고, 2시간 정도 이동한 후, 드디어 백두산으로 향하는 여정이 시작

---

* 장백산(長白山, 창바이산)은 중국과 북한의 국경에 위치한 화산으로, 동북아시아에서 가장 유명한 산 중 하나입니다.
　① 위치: 중국 지린성(吉林省)과 북한 량강도(양강도) 사이의 국경 지역
　② 고도: 해발 약 2,744m(중국 쪽 기준), 한반도 최고봉으로는 2,750m로 보기도 함
　③ 성격: 활화산(마지막 분화는 1903년, 단 가장 강력한 분화는 946년)
　④ 주요 특징: 백두산(白頭山)은 한국과 북한에서의 명칭
　⑤ 천지(天池): 분화구에 생긴 칼데라 호수, 해발 약 2,189m에 위치
　　– 동북아시아에서 가장 높은 곳에 있는 화산호 중 하나
　　– 눈이 많이 내려 '하얀 산'이라는 이름이 붙음 (챗봇 발췌)

되었습니다.

그날은 초여름이었고, 호텔에서 출발한 뒤에는 비가 많이 내렸습니다. 더욱이 비포장 도로가 많아, 도중에 진흙탕에 빠진 차를 밀어야 하는 상황도 반복되었고, 결국 오후 4시 반이 넘어서야 장백산 초입에 도착했습니다.

잠시 허기를 달래기 위해 유황 온천수에서 삶은 반숙 계란을 사 먹고 나니, 날씨가 맑아지며 천지로 올라가는 통로가 개방되었습니다.

마침내 우리는 백두산 천지에 올랐습니다.

그곳은 맑은 호수와 이름 모를 꽃들이 만개하여 우리를 맞이했고, 멀리 북한 쪽 천지를 바라보며 고요한 적막을 느꼈습니다.

천지 주변에서 사진을 몇 번 찍고 나니, 그동안 참았던 생리현상이 급격히 밀려왔습니다. 어쩔 수 없이 후미진 곳에 가서 영역 표시를 할 수밖에 없었습니다. 마음 한편으로는 민족의 명산을 더럽혔다는 죄책감도 있었지만, 장거리 이동에 따른 불가피한 선택이었다고 양해해 주셨으면 합니다.

IMF의 눈물

　　　　　　　　🖊️　천진 브라운관 프로젝트 건설은 1996년 11월부터 1998년 11월까지 진행되었습니다. 그 시기는 대한민국 건국 이래 가장 많은 아픔을 겪었던 IMF *시기였습니다.

　전 국민이 금 모으기 행사에 동참하여 국난을 슬기롭게 극복했던 그 시절, 전 세계에서도 유례를 찾기 힘든 사례로 기록되었지만, 그 당시 천진에 파견되어 있던 우리는 인원 구조조정이라는 또 다른 아픔을 겪었습니다.

　#2 라인 건설이 장비 선적 직전에 홀딩되어, 협력 업체 중 약 36%가 부도 위기에 처하게 되었습니다.

　저는 부도 대책반으로 천진에서 본사로 복귀하여, 부도 직전에 있는 장비를 다른 업체로 옮기고 조정하는 역할을 맡았습니다. 천진 프로젝트에 참여한 36명의 인원 중 20%는 구조조정 대상이 되었고, 저는 7명의 동료가 파견을 강제 종료하고 본사로 복귀하는 과정을

---

* 대한민국의 IMF(국제통화기금) 위기, 흔히 'IMF 외환위기'라고 불리는 시기는 1997년 말부터 2001년 초까지로 보는 것이 일반적입니다.
　– 주요 시점들:
　　· 1997년 11월 21일: 대한민국 정부가 IMF에 구제금융을 공식 요청함
　　· 1997년 12월 3일: IMF와 구제금융 합의 체결. 약 580억 달러 규모의 지원
　　· 1998년: 본격적인 구조조정 및 긴축 정책 시행. 대기업 부도, 실업 증가, 경제 침체
　　· 1999년~2000년: 경기 점차 회복. 수출 증가 및 구조조정 효과가 나타남
　　· 2001년 8월 23일: IMF에 대한 차입금 전액 상환 완료 (챗봇 발췌)

지켜보았습니다.

정든 직장을 떠나는 일은 너무나 가슴 아픈 일이었고, 그 기간 동안 저와 채희주 팀장은 새벽 2시까지 면담하고 설득하는 작업을 계속해야 했습니다. 그때 마셨던 중국 백주량은 지금까지 평생 마신 것 중에서 가장 많았던 것 같습니다. 가장 가슴 아픈 일은 가족이 함께 온 세 가정을 설득하는 일이었습니다. 저와 함께 일하던 이 대리는 초등학교 입학 전인 어린 아들 둘과 함께 천진에 있었는데, 매일 아침 제 아내와 식당에서 마주치며 눈물을 흘렸다고 들었습니다.

그때는 그들의 마음을 돌려놓을 수 없다는 생각에 가슴이 미어졌고, 그 아픔은 세월이 많이 지나도 여전히 제 마음에 깊은 상처로 남아있습니다.

저는 그때 그 악역을 맡아야만 했지만, 이 자리를 빌려 다시 한번 사과의 말씀을 드리고 싶습니다. 저와 함께했던 모든 동료에게, 그 당시의 아픔과 고통이 조금이나마 덜어졌기를 바랍니다.

제 7장

출석 교인을
내쫓다

:: 전도는 커녕 출석 교인을 쫓아내다니
:: 술김에 한 말을 진짜로 믿나
:: 식판에 음식 담아놓고 왜나가
:: 영어 발음 때문에 배고프다
:: 죄짐 맡은 우리구주
:: 심야의 경찰 에스코트

전도는 커녕
출석 교인을 쫓아내다니

천진 프로젝트가 종료된 후, 제가 1999년부터 진행한 프로젝트는 멕시코 중형 브라운관 라인을 대형으로 개조하는 일이었습니다.

공장 위치는 미국 샌디에이고와 인접한 국경 도시인 티후아나였으며, 치안 문제 등을 고려해 숙소는 샌디에이고에 두고 매일 국경을 넘나들며 티후아나로 출퇴근을 했습니다.

매주 일요일, 저는 샌디에이고 갈보리장로교회(담임 한기홍 목사님)에 출석하여 은혜를 나누고 있었습니다.

그 시절만 해도, 타국에서의 스트레스를 풀기 위해 종종 노래방을 찾곤 했습니다. 당시에는 하이볼과 로즈라는 한인 교포가 운영하는 노래방이 제 단골이었습니다.

그날도 토요일 저녁, 멕시코 프로젝트 팀원들과 함께 저녁을 먹고 로즈에서 노래를 부르며 늦게까지 시간을 보냈습니다. 「님은 먼 곳에」, 「여러분」 등의 노래를 열창하며 잘 놀았죠. 그런데 그다음 날, 주일 예배를 마친 후 점심을 먹고 있는데, 어제저녁에 함께 노래를 부른 여자 종업원이 교회에 나타난 것이었습니다.

순간 저는 너무 당황스러웠습니다. 눈길을 피하려 했고, 그녀도 얼른 자리를 피했습니다. 그 일이 있은 후, 그다음 주부터 그녀는 교회 예배에 다시 참석하지 않게 되었습니다. 저는 전도는커녕, 출석 교인을 쫓아낸 것 같은 죄책감에 사로잡혀 한동안 우울한 나날을 보내게 되었습니다.

그때 그분이 교회를 떠난 계기가 저 때문이었다면, 이 자리를 빌려 진심으로 사과의 말씀을 드리고 싶습니다.

술김에 한 말을
진짜로 믿나?

📝 멕시코 개조 프로젝트의 설비 입고가 완료되고 개조 작업이 막바지에 이르렀을 즈음, LA 은혜한인교회에서 주관하는 '영성 체험훈련(Tres Dias)*'에 참석해보라는 권유를 샌디에이고 갈보리장로교회 성도들로부터 받았습니다.

당시 저는 멕시코 법인에 출장 중이라서 3박 4일 동안 휴가를 내는 것이 쉽지 않아 고민하던 중이었습니다. 그러나 20년 넘게 신앙생활을 하면서도 경험하지 못한 영적 체험을 할 수 있다는 말에 마음을 먹고 참석하기로 결심했습니다.

영성훈련 출발 전날 저녁에 팀 회식이 있었고, 당시 팀장이었던 정 차장과 독대할 자리가 있었습니다. 그래서 그때 트레스 디아스 참석을 위해 며칠 휴가를 낸다고 상의했더니, 업무에 지장이 없도록 미리

---

* 트레스 디아스(Tres Dias)는 스페인어로 '사흘'을 의미하며, 1940년대 로마 가톨릭에서 시작된 꾸르실료(Cursillo) 운동에서 유래한 영성 훈련 프로그램입니다. 이 프로그램은 참가자들이 3박 4일 동안 외부와 단절된 환경에서 집중적인 신앙 훈련을 받으며, 이후 일상생활에서 신앙을 실천하도록 돕는 것을 목표로 합니다.
미국에서는 1972년 뉴욕에서 첫 번째 개신교 트레스 디아스 주말 프로그램이 시작되었으며, 이후 전 세계로 확산되었습니다. 남가주 지역의 여러 한인 교회들도 이 프로그램을 도입하여 영성 훈련을 실시하고 있습니다.
LA 은혜한인교회는 이러한 트레스 디아스 프로그램을 통해 교인들의 영적 성장을 도모하고 있습니다. 예를 들어, 2011년에는 북한 통일을 준비하기 위한 트레스 디아스 팀 멤버를 모집하여 한국에서 훈련을 실시한 바 있습니다.
트레스 디아스 프로그램은 참가자들에게 깊은 영적 체험과 신앙의 성숙을 제공하는 것으로 알려져 있습니다. (챗봇 발췌)

준비하라고 하며 흔쾌히 승낙해 주었습니다.

영성 훈련은 미국 캘리포니아 주 'Big Bear Mountain 리조트'에서 3박 4일 동안 진행되었습니다.

주요 프로그램은 영성 훈련을 받은 성도들의 간증, 중간중간 복음송 찬양 등이었는데, 시간이 지나도 저에게는 아무런 감동이 없었습니다.

20년을 교회에 다녔지만, 구원의 확신이나 성령 체험이 없어 답답한 심정으로 기도하기 시작했습니다.

그때 갑자기 "내가 너를 이곳에 오기를 기다렸다"는 음성과 함께 예수님의 동상이 저를 감싸주는 환상을 보았고, 마지막 날에는 찬양 중에 천장에서 내려오는 큰 빛줄기가 왼쪽 가슴을 통과하는 장면을 보면서 입신하는 경험을 하게 되었습니다.

훈련이 끝난 후, 샌디에이고 장로교회 집사님이 아내와 함께 저를 태우러 왔는데, 정신이 혼미한 상태로 사람을 제대로 알아보지 못했다고 아내가 나중에 말해 주었습니다.

하지만 그다음 날 멕시코 법인에 출근하니 회사 분위기가 발칵 뒤집혀 있었습니다. 출장자가 담당 팀장의 휴가 결재도 받지 않고 무단으로 4일 결근했다는 것이었습니다.

저는 정 팀장에게 찾아가서 "출발 전날 맥주 마시면서 구두 보고를 했고, 그때 흔쾌히 승낙을 받았다"고 말했더니, 그는 "술김에 한 말을 진짜로 믿었냐?"라는 황당한 말을 했습니다.

영성 훈련을 받은 후, 제 얼굴에서 광채가 났다는 말을 들었고, 이후 출장 복귀 후 3년 동안 술에 손을 대지 않았습니다. 또한 미국에서 돌아온 후에는 사람이 변했다는 평판을 듣게 되었고, 주위 동료들과 상사들로부터 변화를 인정받았습니다.

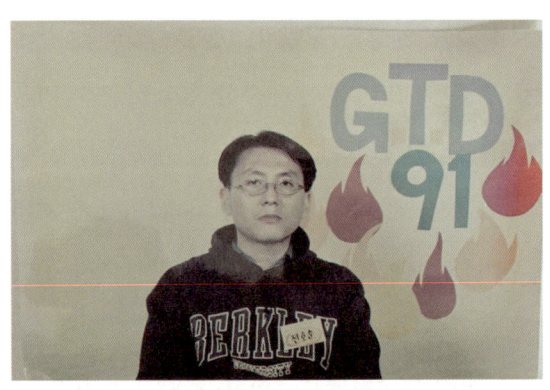

식판에 음식 담아놓고
왜 나가?

◆ 멕시코 프로젝트를 수행하던 시절, 앞서 언급한 것처럼 제 숙소(호텔)는 미국 쪽에 있었기 때문에 아침마다 일찍 국경을 넘어 출근해야 했습니다. 그래서 아침 식사는 주로 멕시코 법인 사내 식당에서 해결하곤 했습니다.

Big Bear Mountain 리조트에서 3박 4일간의 영성 훈련을 마치고 복귀한 첫날 아침, 평소처럼 식당에 들러 식판에 음식을 담아 막 먹으려던 순간, 숙소인 하와이언 가든의 바로 옆방에 살고 있는 김 과장이 배식대에서 음식을 받아 들어와 제 맞은편에 앉았습니다.

오랜만에 얼굴을 마주하니 반가운 마음에 "며칠 나 없을 때 잘 지냈느냐"고 인사를 건넸습니다. 그런데 그는 숟가락을 들 생각도 하지 않고, 갑자기 식판을 들고 퇴식구 쪽으로 나가버렸습니다.

너무도 갑작스러운 행동에 저는 말 그대로 얼이 빠졌습니다.

참고로 김 과장은 과거 공무부 시절, 같은 부서에서 근무했던 사이로, 연배도 비슷해서 친하게 지냈던 친구입니다. 그는 멕시코 법인 설립 초기부터 주재원으로 생활하면서 미국 현지 교포 사회에 인맥이 넓은 인물이었고, 안타깝게도 일부 교포 여성들과 부적절한 관계를 맺는 모습을 제가 몇 차례 목격한 적이 있었습니다.

물론, 어디까지나 제 추측일 뿐입니다만, 영성 훈련을 받고 돌아온 제 모습을 보고 양심의 가책이나 심리적 충격을 받아 갑작스러운 행동을 한 것이 아닌가 생각해 보았습니다. 성령님의 역사인지, 아니면 그저 어색한 감정의 표현이었는지는 아직도 잘 모르겠습니다.

그렇다고 해서 제가 전혀 죄 없이 완전하게 사는 사람은 아닙니다.

다만, 사람은 누구나 죄를 안 짓고 살 수는 없지만 가능한 정도를 걸어야 한다는 것을 깨닫게 되었고, 그리고 때로는 한 사람의 변화가 누군가에게는 불편한 거울이 될 수 있다는 것을 이 일을 통해 다시금 느꼈습니다.

영어 발음 때문에
배고프다

미국 체류 중 주로 '할리데이 인(Holiday Inn)'과 '라마다 인(Ramada Inn)'에 투숙하곤 했습니다. 이곳의 아침 식사는 빵과 우유 등 간편식 위주라 큰 불편은 없었지만, 휴일에는 점심과 저녁을 직접 해결해야 했습니다.

호텔 안에는 조리 시설이 없었기 때문에 보통은 근처 햄버거 가게를 찾거나 차를 타고 좀 더 멀리 있는 식당으로 이동해 식사를 했습니다.

그날도 늦은 오후가 되어 점심 겸 저녁(저점)을 해결하자며 최 과장이 제 방을 찾아왔고, 가까운 버거킹(Burger King)으로 향했습니다.

저는 메뉴판을 보고 빅 버거(Big Burger)*와 콜라를 주문했고, 최 과장은 치킨 버거(Chicken Burger)를 시켰습니다. 그런데 주문을 받고

---

* '빅 버거'와 '칠드런 버거'의 사이즈 차이는 일반적으로 꽤 뚜렷해요. 보통은 다음과 같은 식으로 구분됩니다.
  ① 빅 버거
  - 지름: 약 12~15cm 정도
  - 패티: 보통 일반 패티보다 크고 두툼하거나 더블 패티로 구성됨
  - 용도: 성인 기준, 한 끼 식사로 충분한 양
  - 예시: 맥도날드 빅맥, 버거킹 와퍼 등
  ② 칠드런 버거
  - 지름: 약 8~10cm 정도(작은 손에 맞게 제작)
  - 패티: 얇고 작거나 조리된 치킨 너겟류 사용
  - 용도: 어린이용, 소식하는 성인용으로도 적당
  - 특징: 맵지 않고 간단한 구성(케첩, 치즈, 패티, 번 정도) (챗봇 발췌)

나온 것은 뜻밖에도 어린이용 버거(Children's Burger)였습니다.

아마도 영어 발음 문제로 '치킨'이 '칠드런'으로 들렸던 것 같습니다.

어린이용 버거는 사이즈도 작고, 패티 두께도 얇았으며, 맵지도 않고 느끼한 맛이 강해서 성인 입맛에는 다소 부족한 음식이었습니다. 이미 주문한 음식이라 반품도 어려웠고, 최 과장은 억울한 표정으로 칠드런 버거를 먹었습니다. 식사 후 그는 "영어 발음 때문에 배고프다"고 투덜거리며 숙소로 돌아갔습니다.

해외 생활은 이렇게 작고 우스운 일들도 때때로 한 끼 식사보다 더 오래 기억에 남는 추억이 되는 법입니다.

죄 짐 맡은
우리 구주

🖋 샌디에이고 갈보리 장로교회에 출석하던 중, 멕시코 프로젝트의 성공적인 진행을 위해 프로젝트 리더인 정 차장이 감사헌금 100불을 제게 맡기며 주일 예배 시간에 드려달라고 했습니다.

또 한편으로는 류 과장이 주일 예배에 꼭 한 번 참석하겠다고 했습니다. 그런데 참석 조건이 하나 있었습니다. 자신이 좋아하는 찬송가를 예배 시간에 부르고 싶다는 것이었습니다. 참고로 류 과장은 "나도 교회에 다니고 싶지만 처가와 아내가 불교 신자라 집안 반대로 다니지 못한다"고 종종 털어놓곤 했습니다.

그가 요청한 찬송가는 영어 찬송가 「What a Friend We Have in Jesus」를 번역한 「죄 짐 맡은 우리 구주(찬송가 539장, 통일찬송가 405장)」였습니다.

한 영혼이 천하보다 귀하다는 성경 말씀처럼, 저와 아내는 그 진심을 소중히 여겨 한기홍 담임 목사님을 찾아가 다음 주일 예배 때 찬송가를 부를 수 있도록 요청드렸고, 목사님은 흔쾌히 승낙해 주셨습니다.

그리고 예정된 주일, 류 과장은 교회 예배에 참석했습니다. 예배를 마친 뒤, 류 과장은 저에게 농담 섞인 핀잔을 주었습니다.

"노래방에서는 그렇게 크게 노래 부르던 사람이, 교회에서는 왜 그렇게 작은 목소리로 부르냐"고 말입니다.

아무튼, 제 미국 출장 중에 교회로 인도한 사람은 류 과장이 처음이자 마지막이었고, 그날 부른 찬송가는 설교 내용과도 잘 어울려 더욱 은혜로운 시간이었습니다.

출장 중에도 한 영혼을 예배 자리로 인도할 수 있도록 도와주신 한기홍 목사님께 이 자리를 빌려 다시 한번 감사의 인사를 전합니다.

죄 짐 맡은 우리 구주(찬송가 539장, 통일찬송가 405장)

1절
죄 짐 맡은 우리 구주 어찌 좋은 친군지
걱정 근심 무거운 짐 우리 주께 맡기세
주께 고함 없는 고로 복을 받지 못하네
사람들이 어찌하여 아뢸 줄을 모를까

2절
시험 걱정 모든 괴롬 없는 사람 누군가
부질없이 낙심 말고 기도드려 아뢰세
이런 진실하신 친구 찾아볼 수 있을까
우리 약함 아시오니 어찌 아니 아뢸까

3절
근심 걱정 무거운 짐 아니 진 자 누군가
피난처는 우리 예수 주께 기도드리세
세상 친구 멸시하고 너를 조롱하여도
예수 품에 안기어서 참된 위로받겠네

심야의 경찰
에스코트

            🖋 샌디에이고 갈보리 장로교회에서는 매주 금요일마다 철야 기도 예배가 열렸습니다.

저는 미국 출장 중 트레스 디아스 영성훈련을 받은 이후, 시간이 허락될 때마다 이 철야 예배에 참석하곤 했습니다.

예배는 보통 밤 10시경 시작해서 자정쯤 끝났던 것으로 기억합니다.

그날은 일이 늦게 끝나서 호텔에 들러 간단히 씻은 뒤 교회로 향했고, 마침 담임 목사님의 뜨거운 설교와 찬양 속에 은혜를 받아 거의 새벽 1시가 넘어서야 교회를 출발하게 되었습니다.

갈보리교회는 'Linda Vista Rd.'에 있었고, 숙소인 할리데이 인 호텔은 Otay Mesa 쪽에 있어 CA 905W 고속도로를 타고 내려오던 중이었습니다.

그런데 갑자기 뒤쪽에서 경광등과 사이렌을 울리며 고속도로 순찰차가 따라오면서 정차 신호*를 보내왔습니다.

갓길에 차를 세우고, 오른손은 운전대에, 다른 손은 창문을 열고 대기하자 경찰이 다가와 운전면허증과 여권을 확인했습니다. 그리고는 "술을 마셨냐"고 물었습니다.

술을 마시지 않았다고 답하자, 갓길 차선을 따라 걸어보라고 했고, 이상 없이 걷는 모습을 확인한 경찰은 목적지를 물었습니다. 호텔 주소를 알려주자, 경찰은 "차를 뒤따라 오라"고 했습니다.

결국 경찰차는 호텔 진입도로 앞까지 저를 에스코트해 주었고, 호텔 입구에 도착한 뒤 조용히 떠났습니다.

지금 돌이켜보면 참 감사한 일입니다.

당시 회사에서 교육받은 매뉴얼대로 불필요한 행동 없이 침착하게 대응했기에 불미스러운 일 없이 지나갈 수 있었고, 졸음 운전할 뻔한 저를 발견한 고속도로 순찰대가 호텔까지 안전하게 인도해 준 덕분에 무사히 돌아올 수 있었습니다.

---

* 미국에서 고속도로 순찰차(Highway Patrol 또는 State Trooper)에 의해 정지 요구를 받았을 때, 안전하고 정중하게 대처하는 것이 가장 중요합니다.
  ① 정지 요청을 받았을 때
    – 즉시, 천천히 오른쪽 갓길로 이동하여 정차하세요.
    – 비상등(Hazard lights)을 켜고, 차량 내부에 있는 사람들에게 움직이지 말라고 하세요.
    – 어두운 시간이라면 실내등을 켜세요(경찰이 안심할 수 있도록).
  ② 경찰관이 접근할 때
    – 운전자는 양손을 핸들 위에 올려놓고 가만히 있습니다.
    – 동승자는 손을 무릎 위에 두거나 보이게 두세요.
    – 갑작스러운 움직임은 피하세요(특히 글로브 박스나 주머니 손 넣기 금지).
  ③ 대화할 때
    – 경찰이 말할 때까지 말하거나 움직이지 마세요.
    – 요청이 있을 경우에만 운전면허증(Driver's License), 자동차 등록증(Registration), 보험 증명서(Proof of Insurance)를 꺼내도 되는지 물어보세요.
  ④ 하지 말아야 할 행동
    – 고함, 짜증, 반말, 불복종 등은 상황을 악화시킬 수 있습니다.
    – 차량에서 내리지 마세요(경찰이 요구하지 않는 한). (챗봇 발췌)

제8장

눈 오는 밤에
인생을 생각하다

:: 함브르그에서 부다페스트까지
:: 베르린의 잠못 이루는 밤
:: 다뉴브 강을 오염시키다
:: 내 Golf차는 어디에 있나요
:: 비싼 에그 후라이
:: 법인장을 따르라
:: 설비업자로 생각해 달라
:: 독일 아우토반에서 구사 일생
:: 가족 W/S과 경영계획

함부르크에서
부다페스트까지

📎 멕시코 프로젝트를 마친 후, 제가 다음으로 맡게 된 것은 헝가리 괴드 프로젝트였습니다. 약 1년 반 동안 부다페스트에 머물며, 말로만 듣던 동유럽 문화를 직접 체험하는 귀한 기회를 얻게 되었습니다.

프로젝트 진행 수순은 다른 지역과 비슷했습니다.

투자 승인이 완료되면 부지를 매입하고, 현장 건축 공사가 시작됩니다.

동시에 국내에서는 제조 설비를 발주 및 제작하여, 검수 후 선적을 준비하는 절차를 밟았습니다.

헝가리 프로젝트는 삼성SDI가 헝가리에 처음 진출하는 사례였기에, 설비 및 기자재 운송 루트와 통관 절차, 최적 물류비 산정을 위한 현지 사전 답사가 필수였습니다.

주요 사전 답사 경로는 독일 함부르크항에서 출발하여 오스트리아를 거쳐 헝가리 부다페스트까지 약 1,400km를 1박 2일 동안 자동차로 이동하며 진행되었습니다. 이 여정은 제 인생에서 가장 긴 자동차 여행 중 하나였습니다. 중간중간 고속도로 휴게소에 들러 휴식은 취했지만, 강행군에 가까운 일정이었습니다.

동행했던 로지피아와 MP 직원들의 수고가 매우 컸습니다.

초기 몇 항차는 함부르크 루트를 통해 설비를 운송했지만, 운송비 절감과 이동 기간 단축을 고려하여 최종 운송 루트는 다음과 같이 변경했습니다.

부산항 → 이탈리아 트리에스테항 → 슬로베니아 코페르항 → 헝가리 부다페스트 터미널(철도) → SDI 괴드 Site 도착(트럭)

이렇게 최적화된 루트*를 통해 프로젝트는 보다 효율적으로 진행될 수 있었습니다.

---

* 부산항에서 헝가리 부다페스트(Budapest)까지 컨테이너 화물을 운송하는 루트는 일반적으로 해상 운송 + 철도(또는 트럭)인 복합운송(Multimodal Transport) 형태로 진행되며, 최종 목적지는 내륙 지방이기 때문에 슬로베니아 코페르(Koper) 또는 이탈리아 트리에스테(Trieste) 항구 등을 통해 도착 후 내륙 운송이 이어집니다.

① 1단계: 해상 운송(부산항 → 유럽 항만)

주요 목적 항구	경유지	총 소요일수
Port of Koper(슬로베니아)	싱가포르 or 말레이시아 + 수에즈	약 30~35일
Port of Trieste(이탈리아)	위와 동일	약 32~37일
또는 제노바, 라스페치아, 함부르크 경유도 가능하나 거리/시간 증가		

② 2단계: 내륙 운송 (항만 → 부다페스트)
  – 철도 운송(Intermodal Container Train)
  · 코페르 ↔ 부다페스트: 약 500km, 트랜싯 타임 1.5~2일, 정기 화물 열차(하루 2~3회 운행)
  – 트럭 운송(LTL or FTL)
  · 소요 시간: 약 8~10시간, 경우에 따라 빨라지면 운송비가 증가됩니다. (챗봇 발췌)

베를린의
잠 못 이루는 밤

📎 헝가리 프로젝트 설비 반입이 완료되고 시운전이 진행 중이던 어느 날, 독일 베를린 공장의 제조 라인을 중형에서 대형 브라운관으로 개조하는 프로젝트를 헝가리팀이 맡게 되었습니다.

2002년 연말, 베를린 공장의 전체 생산 라인을 셧다운(Shutdown)하고, 20", 21" CPT에서 25", 29" CPT 기종으로 전환하는 대규모 라인 개조 프로젝트였습니다.

하지만 공사는 12월 말 한겨울에 진행되어 여러 가지 변수가 발생했습니다.

우선 선발대가 투입되어 기존 설비 중 재활용이 불가능한 부분을 철거하고, 신규 설치할 설비를 반입하는 과정에서 폭설로 인해 도로가 막히는 사태가 벌어졌습니다.

낮 동안 대기하던 한국 설비업체 직원들은 저녁 식사 후 대부분 퇴근했고, 남은 인원은 설비 하역을 담당하는 독일 현지 업체 직원들과 저를 포함한 SDI 직원 몇 명뿐이었습니다.

창밖으로 하염없이 내리는 눈송이를 바라보며, 언제 도착할지 알 수 없는 트럭을 기다리던 그 깊은 밤, 제 마음속에는 갑자기 40년 인생이 스쳐 지나가기 시작했습니다.

'나는 지금까지 무엇을 이루었는가?'

'앞으로 남은 삶은 무엇을 위해 살아야 하는가?'

'내 미래의 방향은 어디인가?'

수많은 질문이 저를 파고들었고, 저는 그 밤에 결심했습니다.

'이대로 살아서는 안 되겠다.'

그때 마음속으로 세운 다짐들을 소개합니다.

삶의 목표

　　예수님의 모습을 닮아가며, 천국에 소망을 두고 살아간다.

실천 사항

　매일 감사 일기 쓰기
　선교사 30명 이상 후원
　책 두 권 집필
　가족 워크숍 실시
　개인 경영계획 수립
　대학원 학위 취득
　신재생에너지 전문가로 성장
　65세 이후 선교 사업에 올인

새벽 4시경, 마침내 설비를 실은 트럭이 도착했습니다.

하역장에 쌓인 눈을 치우고 장비를 내릴 준비를 마쳤을 때, 서서히 여명이 밝아오고 있었습니다.

그날은 한숨도 자지 못한 긴 밤이었지만, 돌이켜보면 제 인생의 이

정표를 새롭게 세우고, 삶의 방향을 정리하게 해준 소중한 시간.

'베를린의 잠 못 이루는 밤'은 제 인생에 있어 결코 잊을 수 없는 감사의 밤으로 남아있습니다.

다뉴브 강을
오염시키다

헝가리에서 설비 반입을 진행하는 동안 한 가지 문제가 발생했습니다.

대부분의 설비는 표준 컨테이너를 사용하지만, 중량이 무겁거나 사이즈가 초과되는 경우에는 Flat Rack을 사용해야 합니다. 특히, 기공 부품 공정 설비 중 하나인 프레스 설비는 중량만 30톤이 넘었고, 폭과 높이 모두 규격을 초과하는 대형 화물이었습니다.

이 설비는 독일 함부르크 항에서 출발하여 체코 국경 검문소에 도착했는데, Packing List상에 기재된 박스 사이즈와 실제 화물 사이즈 간에 차이가 발견되어, 국경 수화물 검사소에서 화물이 억류되는 사고가 발생했습니다.

당시 저는 트럭 도착 시간에 맞춰 크레인, 지게차, 작업자 등을 모두 준비해 놓고 대기하고 있던 터라 속이 까맣게 타들어 갔습니다.

하루 정도면 해결될 것이라 생각했지만, 국경 보완 검사가 계속 지연되었고, 결국 5일이나 늦게 화물이 현장에 도착하게 되었습니다.

다행히 설비 하역은 안전사고 없이 무사히 완료했지만, 하역 작업 지연에 따른 중장비 대기 비용문제를 놓고 각사의 입장이 달라 의견 조율에 시간이 걸렸습니다. 결국 운송 포워더와 설비 제작업체가 비용을 분담하는 조건으로 합의하여 마무리했습니다.

설비 문제를 해결한 후, 로지피아에서 지원 나온 김 과장이 삼겹살, 부스터, 소주를 준비해 와서 다뉴브 강(헝가리에서는 '도나우 강'이라고 부름) 둔치에 가서 고기를 구워 먹으며 쌓였던 스트레스를 풀었습니다.

그런데 문제는… 주변에 화장실이 없어 어쩔 수 없이 다뉴브 강에 방뇨를 해야 했다는 점입니다.

지금 돌이켜보면, 그 행동도 결국은 다뉴브 강을 오염시키는 행위였던 셈입니다. 그때는 간절했지만, 지금은 살짝 부끄러운 추억입니다.

내 Golf 차는
어디에 있나요?

📎 헝가리 프로젝트를 진행할 때, 숙소는 시드니 아파트먼트 호텔이었습니다. 이곳은 주방 시설과 조리기구가 갖춰져 있어, 룸 안에서 간단한 요리가 가능했습니다. 주말마다 부식과 생수를 구입하기 위해 직접 차를 몰고 부다페스트 외곽에 있는 Auchan이나 Tesco 같은 대형 마트에 다녀오곤 했습니다.

사건이 발생한 그날은 한겨울 오후, 저는 평소처럼 생수 한 박스와 몇 가지 생필품만 간단히 살 생각으로, 얇은 점퍼에 슬리퍼를 신고 가벼운 차림으로 숙소 주차장에 내려갔습니다.

그런데 동행한 로지피아 김 과장이 폭스바겐 해치백 모델인 Golf를 타고 가자고 했습니다.

제가 "차가 바뀌었네요?"라고 묻자, 김 과장은 "이전에는 렌터카였고, 이번에는 회사에서 새로 구입한 법인 차"라고 설명했습니다.

마트에서 장을 보고 나와, 주차장에 세워둔 차로 가려는데….

Golf가 사라졌습니다.

저와 김 과장은 주차장을 처음부터 끝까지, 무려 2시간 동안 몇 번이나 돌며 차를 찾아 헤맸습니다. 슬리퍼를 신은 저는 한겨울 찬바람에 온몸이 얼어붙었지만, 새 차를 잃어버려 반쯤 정신이 나간 김 과장을 외면할 수 없었습니다. 추위에 떨면서도 계속 주차장을 헤매야 했습니다.

결국 통역을 불러 보험사에 연락하고, 도난 신고까지 접수했습니다. 이 과정만 해도 6시간 가까이 걸렸고, 그동안 아무것도 먹지도 못하고 탈진 상태에 가까워졌습니다.

나중에 들은 이야기로는, 보험 처리가 되어 자동차 값은 보상받았다고 합니다.

하지만 그날 김 과장이 울먹이며 외쳤던 한마디,

"내 Golf 차를 분명히 여기 주차했는데…. 어디에 있나요?"

그 절박한 목소리는 지금도 제 귀에 생생히 들리는 듯합니다.

비싼
에그 프라이

앞에서 말씀드린 것처럼, 헝가리 부다페스트의 시드니 아파트먼트는 기본적인 주방 시설과 조리기구가 갖춰져 있었지만, 객실마다 준비된 물품의 종류에는 다소 차이가 있었습니다.

헝가리의 공식 언어는 머자르어(Magyar)*이지만, 부다페스트는 세계적인 관광지라 호텔과 레스토랑에서는 영어가 어느 정도 통했습니다.

그날은 일요일 아침, SDI 생기팀에서 같이 출장 나온 김 과장이 계란 프라이를 해먹으려고 부엌을 뒤졌습니다. 그런데 조리기구 서랍을 아무리 찾아도 프라이팬이 보이지 않는 겁니다. 결국 김 과장은 호텔 프런트에 전화를 걸어, "에그 프라이를 직접 만들고 싶은데, 프라이팬을 가져다 달라"고 영어로 요청했습니다.

---

* 헝가리의 공식 언어는 헝가리어(Hungarian)이며, 현지에서는 이를 Magyar(머저르)라고 부릅니다.
① 헝가리어 기본 정보
  – 언어 계통: 우랄어족 〉 핀우그르어파
  (※ 핀란드어, 에스토니아어와 같은 계열이지만 서로 이해되지는 않음)
  – 문자: 라틴 알파벳(영어와 같은 알파벳 사용하지만, 추가 문자 존재)
  – 독특한 특징:
    · 문법이 굉장히 복잡하고, 격(case)이 많음(18개 이상)
    · 단어가 길고, 접두사·접미사조합이 중요
    · 예: 집에 → házhoz(ház = 집, -hoz = ~로/에게)
② 알아두면 좋은 점
  – 젊은 층은 영어를 꽤 잘하는 편(특히 부다페스트)
  – 노년층은 영어 사용이 적은 편, 러시아어나 독일어 배운 세대
  – 관광지, 레스토랑, 호텔에서는 대부분 영어 가능 (챗봇 발췌)

하지만 아무리 기다려도 프라이팬은 오지 않았고, 또다시 독촉 전화를 했습니다.

30분쯤 지나서야 호텔 직원이 나타났는데…. 손에 들고 온 것은 다름 아닌, 접시에 담긴 계란 프라이 두 개였습니다.

그날 김 과장은 룸서비스 차지까지 더한 비싼 계란 프라이를 먹을 수밖에 없었습니다. 씁쓸한 표정으로 투덜대는 김 과장의 모습을 보며, '해외 프로젝트를 하려면 기본적인 영어 실력은 꼭 필요하구나.'라는 교훈을 얻을 수 있었습니다.

법인장을
따르라

✎ 헝가리 프로젝트를 진행하던 2001년, 당시 부다페스트에는 약 300명 정도의 한인 교포가 살고 있었고, 시내에는 한인 교회가 두 곳 운영되고 있었습니다.

SDI 헝가리 법인 주재원들은 대부분 법인장이 출석하던 한인 교회에 함께 다녔고, 저 역시 매주 주일마다 그 교회에 참석했습니다.

그런데 어느 날부터인가 법인장과 주재원들의 모습이 보이지 않기 시작했습니다.

주재원 중 구매 담당 김 부장 부부만 남아있었는데, 이야기를 들어보니 법인장님이 다른 교회로 옮기면서 주재원들도 모두 따라갔다는 것이었습니다.

저는 출장자 신분이었기에 법인장 눈치를 볼 이유도 없었고, 신앙적으로도 '사람을 보고 교회를 옮겨서는 안 된다'고 생각했기에 계속 기존 한인 교회에 출석했습니다.

몇 주 뒤, 같은 현장에서 일하던 삼성물산 소속 건설소장도 보이지 않길래 확인해 보니 그분 역시 법인장을 따라 새 교회로 옮겼다는 소식을 들었습니다.

시간이 흐르고, 어느 날 저녁 회식 자리에서 우연히 법인장님 옆자리에 앉게 되었습니다. 법인장님은 술기운이 오른 듯 "왜 교회를 안

옮기느냐"고 물었습니다. 저는 솔직하게 "출장 기간이 끝나면 국내로 복귀하는데, 굳이 옮기는 것이 번거롭습니다."라고 답했습니다. 그러자 법인장님은 다소 황당한 말을 했습니다. "헝가리 프로젝트가 성공하려면 출장자도 법인장을 따라서 같은 교회에 다니면서 합심해서 기도해야 한다."

저는 끝까지 기존 한인 교회에 다녔습니다.

결국 그해 연말, 법인장님은 임원 인사에서 제외되어 회사를 떠나게 되었고, 저는 그 일을 떠올릴 때마다 지금도 씁쓸한 여운이 남습니다.

설비업자로
생각해 달라

✍ 헝가리 프로젝트 진행이 마무리 단계에 접어든 시점에 본사 경영지원팀장과 생산기술팀장이 현지공사 진척 현황 점검차 법인을 방문했던 당시 벌어진 일화입니다.

헝가리 괴드(Göd) 소재 삼성SDI 공장 프로젝트는 부다페스트 북쪽 약 30km 거리에 위치한 부지에 신설되었습니다. 건설 초기 현장 주변은 목장지대였으며, 주변 인프라가 전무하여 근무자들의 식사 및 생활 여건이 매우 열악한 상황이었습니다.

당시 식사는 평일에 한해 법인 식당을 통해 제공되었으며, 주말 및 휴일에는 식당 운영이 중단되었습니다. 이로 인해 현장 인력들은 차량으로 원거리까지 이동해 점심을 해결해야 했고, 이 과정에서 상당한 이동 시간 손실이 발생하였습니다.

현장 상황을 고려하여 주말에 간단한 식사 대체 수단으로 라면 배식을 요청하였으나, 비용 문제를 이유로 법인 측으로부터 거절당했습니다. 과거 말레이시아 법인 프로젝트 사례를 근거로 유사 지원을 요청하였으나, 받아들여지지 않았습니다.

이러한 상황은 현장 인력들의 사기 저하와 불만을 초래했으며, 프로젝트 후반기에 이르러 누적된 애로사항이 심화되었습니다. 이 와중에 본사 경영지원팀장 및 생산기술팀장이 헝가리 법인을 방문하여 프로젝트 진척 현황을 점검하는 과정이 있었습니다.

프로젝트 보고 회의 말미에 경영지원팀장이 장기 출장자들의 애로사항을 질의하였고, 이에 대해 본인은 "저를 설비업자로 취급해 주시기 바랍니다."라고 답변하였습니다. 해당 발언의 배경 설명을 요청받아, 현장의 실질적 어려움과 처우 개선 필요성을 상세히 보고하였습니다.

이후 법인 측에서는 출장자 처우를 일부 개선하였으며, 주말 식사 지원 등 현장 인력 복지 향상에 일정 부분 반영되었습니다. 다만, 본인의 직접적인 문제 제기로 인해 법인 내부적으로는 일정 기간 동안 불편한 관계가 이어지게 되었습니다.

본 건은 해외 플랜트 프로젝트 수행 시, 장기 출장자 및 현장 인력에 대한 기본적인 복지 지원 체계의 중요성을 시사하는 사례로 기록할 수 있습니다.

독일 아우토반에서
구사일생

📝 헝가리 프로젝트 1기 공사의 설비 반입이 완료된 후, 그동안 운송 및 통관 업무를 지원해 주었던 포워더 최 부장과 로지피아 송 부장이 현지 출장차 방문하였습니다.

프로젝트 종료 후 감사의 의미로 저녁 식사를 함께한 뒤, 독일로 이동하게 되었습니다.

심야에 현대 그랜저 차량을 이용해 이동하던 중, 새벽 무렵 독일 국경을 넘어 아우토반* 고속도로를 주행하게 되었는데, 이때 운전 중

---

* 아우토반(Autobahn)은 독일의 고속도로 체계를 일컫는 말로, 세계적으로 유명한 이유는 일부 구간에서 속도 제한이 없다는 점 때문입니다. 하지만 이것이 전부는 아니고, 매우 체계적이고 기술적으로도 우수하게 설계된 도로망입니다.

① 주요 특징

항목	내용
총 길이	약 13,000km 이상(2024년 기준)
속도 제한	일부 구간 무제한/ 나머지는 100~130km/h 제한
설계 기준	고속 주행에 최적화 (넓은 차선, 완만한 곡선, 긴 진입/진출로 등)
차선 수	일반적으로 2~3차선, 일부 구간은 4차선 이상
통행료	승용차 무료, 화물차는 톨게이트 시스템 있음
긴급전화	일정 거리마다 비상전화(긴급 SOS 박스) 설치
서비스 구역	휴게소, 주유소, 음식점 등 잘 갖춰짐

② 속도 제한에 대한 오해
  - 전체의 약 60% 구간은 법적 속도 제한 없음
  - 그러나 권장 속도는 시속 130km/h로, 사고 시 이를 초과한 운전은 책임이 커질 수 있음
  - 도시 근접, 공사 중인 구간, 교통 밀집 구간 등은 제한 속도 적용 (챗봇 발췌)

졸음으로 인해 차량이 가드레일을 충돌하고 180도 회전하여 갓길에 멈춰서는 사고가 발생했습니다.

사고 당시 다행히 고속도로 갓길에 평행하게 정차되었고, 뒤따르던 차량이 없어 2차 추돌 사고는 일어나지 않았습니다.

차량은 폐차가 필요할 정도로 크게 파손되었으나, 동승한 세 사람 모두 경미한 무릎 찰과상 외에는 큰 부상 없이 사고를 벗어났습니다.

나중에 사고가 발생하던 시간에 제 아내가 출장 중 남편의 안전을 위해 매일 새벽 기도하고 있었다는 이야기를 들었습니다. 이 일을 통해 하나님의 보호하심과 동행을 다시금 깊이 체감하는 계기가 되었습니다.

가족 W/S와
경영계획

2003년 독일 베를린에서의 어느 깊은 밤, 잠이 오지 않는 시간 동안 앞으로의 삶과 가족에 대해 깊이 생각하게 되었습니다. 그때 마음속에 품었던 결심 가운데 하나가 바로 '가족과 함께하는 인생 워크숍'을 실천해 보자는 것이었습니다.

첫 가족 워크숍은 그해 연말, 미리 예약해 둔 삼성 해운대 연수원에서 열렸고, 장인·장모님을 비롯해 처가 식구 약 20명이 함께해 주셨습니다. 워크숍의 주제는 세 가지였습니다.

- 내가 갖고 싶은 것 5가지
- 내가 하고 싶은 것 5가지
- 다음 해 나만의 경영계획 세우기

각자에게 양식을 나눠드린 후 30분 동안 개인적으로 생각을 정리하는 시간을 갖고, 이어서 준비해 온 2만 원 상당의 선물을 교환하며 돌아가며 발표하는 방식으로 진행했습니다.

그날 가장 기억에 남는 순간은 장인어른의 말씀이었습니다.

"결혼해서 5남매를 키우고 출가시키기까지 40여 년이 흘렀지만, 오늘 처음으로 아내가 무엇을 갖고 싶어 했고, 하고 싶어 했는지를 알게 되었다"는 말씀이었습니다. 가족 간에도 이런 시간을 갖는 것이 얼마나 소중한 일인지 느끼게 해주셨습니다.

이후 가족 워크숍은 3년간 부산과 서울을 오가며 이어졌지만, 일부 가족의 사정으로 인해 더 이상 확대된 모임은 지속되지 못했습니다. 그러나 그 이후로 지금까지 20년 넘게, 아내와 둘이서만의 워크숍을 매년 연말마다 조용히 이어가고 있습니다.

이와 함께, 저는 해마다 한 해를 돌아보고 다음 해를 계획하는 개인 경영계획도 꾸준히 수립해 왔습니다. 그 내용은 여섯 가지 분야로 나누어져 있으며, 총 21개의 실천 항목을 정리해 목표별로 추진 일정과 주기를 정해두고 있습니다.

연간 개인 경영계획의 주요 구성

- 신앙생활(4개 항목)
- 취미, 건강, 여행(5개 항목)
- 재산 및 부동산 관리(4개 항목)
- 자기개발(2개 항목)
- 직장생활(4개 항목)
- 기타 생활 관련(2개 항목)

이 외에도 저는 따로 정리한 버킷리스트 22개, 갖고 싶은 것 12개, 남기고 싶은 것 3개 항목을 삶의 나침반 삼아 하나씩 실천해 나가고 있습니다.

기업이 매년 목표를 세우고 실적을 관리하듯, 개인의 삶에도 계획이 필요하다고 봅니다. 물론 모든 목표가 완벽하게 이루어지지는 않지만, 작은 것이라도 하나씩 실천해 나가는 태도 자체가 중요한 의미를 가진다고 생각합니다.

제9장

둥지를 떠나서
세상으로

:: 임원숙소에서 한달 동거하기
:: 천안 KTX역의 회한
:: 노병의 마지막 해외 출장
:: 몽블랑 만년필과 투미 가방
:: 대단한 후배들
:: 정문 밖까지 배웅
:: 미서부를 늦게 가다

임원 숙소에서
한 달 동거하기

2005년 초, 삼성SDI의 브라운관 사업이 점차 사양길로 접어들면서, 저 역시 오랫동안 몸담았던 해외 플랜트 건설팀을 떠나 천안 사업장의 생산기술팀으로 자리를 옮기게 되었습니다. 새로 맡게 된 업무는 PDP와 2차전지 분야의 생산기술 기획이었고, 이는 제게도 새로운 도전이자 커다란 전환점이 되었습니다.

급하게 발령을 받은 터라 거처를 준비할 시간적 여유가 없어, 다행히 예전에 가천공장에서 함께 일했던 이 팀장님의 배려로 천안 임원 숙소의 빈방에서 한 달 동안 지내게 되었습니다. 숙소에는 컴퓨터와 인터넷이 설치되어 있어, 틈틈이 이어가던 서울사이버대학교 온라인 강의도 계속 수강할 수 있었습니다.

퇴근 후 밤늦게까지 공부하는 모습을 보고 주변에서는 "그 나이에 무슨 공부냐"며 웃어넘기기도 했지만, 저에게는 오랫동안 마음속에 품어온 인생 목표를 향해 조금씩 나아가는 소중한 과정이었습니다. 묵묵히 제 길을 걸어갔습니다.

이후 천안 PDP 증설 공사가 마무리되면서 이 팀장님은 울산으로 자리를 옮기게 되었고, 저에게도 함께 가자고 제안하셨습니다. 하지만 그때 저는 단국대학교 경영대학원 경영학과에 등록해 매주 수요일과 목요일, 퇴근 후 수업을 듣고 있었기에 천안을 떠날 수 없었습니다. 이 사실을 전하자, 이 팀장님은 웃으며 "평안 감사도 제 하기 싫으면 그만이지."라는 농담을 건네며 다른 후배를 기획팀 멤버로 지명하셨습니다.

비록 함께 울산으로 향하지는 못했지만, 덕분에 학업을 끝까지 이어갈 수 있었습니다. 특히 장 전무님과 이 상무님의 이해와 배려 덕분에 대학원 과정을 무사히 마칠 수 있었고, 이는 훗날 중소기업 등기임원으로 선임될 때에도 든든한 밑거름이 되었습니다.

그 시기의 경험은, 둥지를 떠나 세상 속으로 나아가는 데 있어 스스로를 단단히 준비하는 소중한 시간이었고, 인생의 또 다른 문을 여는 데 큰 힘이 되어주었습니다.

천안 KTX역의
회한

📎 중국 주재원이 되는 꿈을 품고, 저는 천진 법인의 브라운관 설비기술 주재원 포지션에 지원하게 되었습니다. 설비 보전, 유틸리티, 환경안전 분야를 담당하는 자리였고, 당시 팀장이셨던 장 전무님의 적극적인 지지 덕분에 지원이 허락되었습니다. 부족한 직무 경험을 보완하기 위해 울산 사업장에 내려가 약 3개월간 집중 트레이닝도 받았습니다.

주재원 최종 요건이었던 중국어 어학 등급 취득을 위해, 그룹 국제경영연수원 10주 어학 과정에 입과하게 되었습니다. 이전 천진 공장 건설 프로젝트를 진행하면서 현지에서 1년 반가량 생활하며 어느 정도 회화 실력을 갖추었지만, 정식 어학 등급을 취득하기에는 여전히 부족함을 느꼈습니다.

매일 새벽 1시에 잠들고 6시에 기상하여 반복 학습을 이어갔고, 주말마다 유학생을 초빙해 개인 교습을 받는 등 혼신의 힘을 다했습니다.

그 결과, 80명 중 약 20%만 통과하는 3급 어학 등급을 어렵게 취득하는 데 성공했습니다.

그러나 최종 시험 결과 발표를 하루 앞두고, 생기센터 인사그룹에서 급히 천안으로 내려와 면담하자는 통보를 받았습니다. 연수원 퇴

소식과 송별식을 마치고 천안으로 내려간 저를 기다리고 있던 소식은 청천벽력 같았습니다.

천진 법인 브라운관 사업 관련 주재원 발령이 한 달 전에 전면 취소되었으며, 그룹 비서실의 경영 진단 결과, 브라운관 사업을 철수하고 2차전지 사업으로 전환하기로 이미 결정되었다는 것이었습니다. 이후부터는 브라운관 사업 부문에서는 추가 주재원 파견 없이 기존 인원들만으로 마무리 작업을 하게 된다고 했습니다.

미리 통보해 주지 않은 점을 항의했지만, 인사팀은 "어학 교육 중간에 현업으로 복귀시키기가 어려워 등급 시험까지는 볼 수 있도록 배려했다"고 답했습니다.

그날, 장 전무님과의 마지막 회식 후 부산으로 내려가기 위해 찾은 천안아산역에는 장대비가 억수같이 쏟아지고 있었습니다. 동광장에서 우산을 던져버리고 그 비를 그대로 맞으며 한동안 울부짖었습니다.

1년 가까이 중국 주재원이 되기 위해 흘린 땀과 노력, 그리고 기대가 한순간에 무너진 허탈감과 자책감에 사로잡혔습니다.

'이것이 하늘의 뜻인가…, 나는 재수가 없는 사람인가…' 하는 자조 섞인 생각이 머리를 스쳤습니다.

부산행 KTX를 세 번이나 보내고서야 아내의 전화를 받았습니다. "왜 아직 출발하지 않았느냐"는 다그침에 결국 무거운 발걸음으로 KTX에 몸을 실었습니다.

열차 안에서 주재원 탈락 사실을 전하자, 아내는 "중국에 갔으면 오히려 술로 건강을 잃었을 것"이라며 다독여주었고, 지금도 그때를 돌아보며 "모든 것은 하나님의 섭리였다"고 이야기하곤 합니다.

지금은 아픈 추억이지만, 돌이켜보면 그 또한 제 인생을 다듬어준 소중한 시간이었음을 느낍니다.

노병의 마지막
해외 출장

📎 삼성SDI 명예퇴직을 한 달여 앞둔 시점, 저는 과거 라인 건설을 기획했던 해외 법인들인 말레이시아와 천진 법인을 방문하는 출장을 다녀오게 되었습니다.

말레이시아 셀렘방 시가지의 불빛은 한국의 도심과는 달리 무척 평온하고 고즈넉하게 느껴졌습니다. 이번 출장에서는 특별한 일정이 없었기에 느긋한 아침을 맞으려 8시에 기상 알람을 맞춰놓았지만, 오랜 직장 생활의 습관 탓인지 새벽 5시 30분에 자연스럽게 눈이 떠졌습니다.

6박 7일간의 천진·말레이시아 출장은 삼성에서의 마지막 공식 출장으로, 지나온 삶을 돌아보고 인생의 족적을 되새기는 소중한 시간이 되었습니다.

'정년까지 6년이 남았는데 안정된 대기업을 떠나는 것이 옳은 선택일까?'

'너무 성급한 결정은 아닐까?'

스스로에게 수없이 질문했지만, 답은 분명했습니다.

'지금까지는 생계를 위해 일을 해왔지만, 앞으로는 하고 싶은 일을 하며 살겠다.'

은퇴 이후를 준비하라며 『은퇴 생활 백서』를 권해주신 장인어른께 다시 한번 깊은 감사를 드립니다. 그때만큼 제 인생의 정체성과 앞으로의 길에 대해 깊이 고민했던 시간은 없었던 것 같습니다.

명예퇴직 결정을 통해 저는 비로소 '무엇이 내게 가장 소중하고 행복한가?'를 발견하게 되었습니다.

이전까지 가족과 주변 사람들을 위해 시간과 돈을 써왔지만, 정작 저 자신에게는 특별한 선물을 한 적이 없다는 사실을 깨닫고, 이번 출장길에 면세점에 들러 오랫동안 갖고 싶었던 몽블랑 만년필을 구입했습니다.

앞으로는 노트북과 디지털카메라를 함께 준비해, 눈으로 본 세상은 카메라에 담고, 가슴으로 느낀 감정은 노트북에 기록하기로 다짐했습니다.

몽블랑 만년필 특유의 부드러운 14K 펜촉 촉감은 제 인생에서 처음 느껴보는 특별한 감동이었습니다.

이번 출장 동안 많은 분들의 따뜻한 배려도 있었습니다.

출장 계획을 세심하게 짜준 한 책임, 합의 지연 시 발 벗고 나서준 강 수석, 변경된 스케줄에 맞춰 항공권을 준비해 준 수진 씨, 모두에게 이 자리를 빌려 깊은 감사를 전합니다. 특히 떠나는 선배를 위해 마지막으로 한번 천진에 다녀오라고 권유해 준 박 후배의 마음은 참으로 고마웠습니다. 25년 전 천진 공장 초창기 건설 당시, 삼국지에 나오는 도원결의처럼 맺었던 의형제의 인연은 여전히 따뜻했습니다.

천진에 도착하자 막내아우가 선물을 들고 찾아와 식사에 초대해 주었고, 함께했던 조선족 직원 조미화 씨와 문광 씨도 다시 만날 수 있었습니다. 특히 조미화 씨는 공항 이동 날까지 세심하게 문자로 챙겨주어 마음 한켠이 뭉클했습니다.

또한 오랜만에 만난 최 선배는 "기회가 되면 중소기업 법인장급 주재원 생활도 보람 있을 것"이라 조언해 주었지만, 저는 속으로 '그럴 바에야 삼성에 계속 다니지…' 하는 생각을 하며 웃어넘겼습니다.

천진을 떠나 말레이시아로 이동하는 길은 천진 → 인천 → 말레이시아 쿠알라룸푸르 경유 노선이었습니다. 직항편이 없어 인천공항을 경유했지만, 삼성에서의 마지막 출장인 만큼 비즈니스 클래스로 업그레이드하여, 하늘 위에서 먹은 라면 한 그릇은 유독 깊은 맛이 느껴졌습니다.

말레이시아 법인에 도착해보니, 저를 초청해 준 전임 법인장님은 이미 귀국한 뒤였고, 후임 법인장과 오랜만에 점심을 함께하며 옛 인연을 나누었습니다. 멕시코 법인 시절부터 이어진 이 상무와의 끈끈한 관계는 여전히 변함이 없었습니다.

또한, 이번 출장에서는 특별한 두 사람을 만났습니다.

하나는 최근 퇴직한 이 부장으로, 법인 지원 중 틈날 때마다 찾아와 은퇴 이후 계획에 대해 조언을 구했습니다. 저 또한 제 앞가림이 버거운 상황이라 다소 쑥스럽기도 했습니다.

또 다른 한 명은 건축공사 PM으로 파견 나와 있던 정 차장이었습니다. 그는 매년 가족과 함께 서울의 특급호텔에서 연말 하룻밤을 보내며 가족의 자존감을 높여준다고 했습니다. 두 딸과 아내에게 아빠로서의 책임을 다하려는 모습이 인상 깊었고, 이전에 싼 모텔을 전전했던 저 자신의 휴가와 비교되어 많은 생각을 하게 했습니다.

이번 마지막 출장은 처음부터 큰 기대를 했던 것은 아니었지만,

30여 년 직장 생활을 돌아보게 하고, 선후배 동료들의 따뜻한 배려와 사랑을 온몸으로 느끼게 해준 귀한 시간이었습니다.

이렇게 귀한 인연과 사랑 속에 퇴직할 수 있었음을 하나님께 감사드리며, 장염 투병 중에도 "잘 다녀오라"고 격려를 아끼지 않았던 아내에게도 깊은 고마움을 전합니다.

몽블랑 만년필과
투미 가방

삼성에서 해외 프로젝트를 진행한 10여 년 동안 여러 나라를 방문하며, 대한항공에서 누적 탑승 거리가 57만 마일 이상을 기록했습니다. 그동안 소위 명품이라고 불리는 물건들을 저 자신을 위해 구매한 적은 없었습니다. 대부분 면세점에서 구입한 품목은 양주나 화장품류였고, 이들은 주로 가족이나 지인들에게 선물로 전해졌습니다.

그럼에도 불구하고, 앞서 언급한 대로 저는 삼성에서의 오랜 근무를 되돌아보며 자신에게 작은 보상을 주기로 결심했습니다.

그렇게 선택한 것이 바로 투미 가방과 몽블랑 만년필이었습니다.

사실 몽블랑은 그 이름이 너무 유명해서 예전부터 알고 있었지만, 투미 가방이 면세점에서 판매되는 상품이라는 사실은 삼성에서의 마지막 출장길에 처음 알게 되었습니다.

2014년, 마지막 해외 출장을 떠나며 구입한 그 투미 가방과 몽블랑 만년필은 지금도 제 곁에 있으며, 앞으로도 계속 사용할 계획입니다. 10년이 넘게 들고 다닌 가방은 손잡이 가죽이 조금 헤어졌지만, 여전히 사용하기에 불편함이 없습니다. 그리고 몽블랑 만년필은 두 번의 A/S를 거쳐 여전히 그 성능을 그대로 유지하고 있어, 그동안의 가치를 충분히 느끼고 있습니다.

특히 은퇴 후에는 성경 66권을 필사할 계획을 세우고 있는데, 그때 몽블랑 만년필을 사용하려고 생각하고 있습니다. 그 만년필에 담길 글들이 제 인생의 또 다른 큰 의미를 지닐 것이기 때문입니다.

참고로, 투미와 몽블랑 브랜드, 그리고 저와 이들 간에는 단순한 판매자와 구매자 이상의 어떤 특별한 관계가 없음을 미리 밝힙니다. 이 글은 결코 그들의 광고가 아니며, 진심으로 제 개인적인 경험을 나누고자 하는 의도에서 작성된 것입니다.

대단한
후배들

삼성에서 근무하면서 마지막 해외 출장은 순탄하게 진행되지 않았습니다. 천진 법인과 말레이시아 법인에서 출장을 승낙해 주었지만, 정작 생기센터 내부 인사그룹에서는 명예퇴직을 얼마 앞둔 제가 왜 해외 출장을 가야 하는지 이해하지 못했습니다. 그로 인해 출발 날짜가 계속 미뤄졌습니다.

그냥 가만히 있다가는 출장이 불가능할 것 같아, 저는 당시 센터장님께 '노병의 마지막 출장길'을 허락해 달라고 간곡히 요청했습니다. 다행히 센터장님의 배려로 인사그룹장과의 합의가 이루어졌고, 결국 출장을 떠날 수 있었습니다.

그런데 해외 출장을 며칠 앞두고, 삼성에서 떠나게 될 여러 가지 고민과 미래에 대한 두려움 등이 쌓이면서 스트레스가 심해졌습니다. 그로 인해 장염에 걸렸고, 일반 약물로는 치료가 되지 않아 결국 천안 단국대 병원에 입원하게 되었습니다.

그때 후배 직원들이 퇴직 선물로 무엇을 받고 싶냐고 물었을 때, 저는 "책을 사 달라"고 부탁했습니다. 그렇게 받은 책 중에서 『중국역사 대장정』, 『이야기 중국사』, 『이야기 세계사』 등의 역사서가 제 병실로 찾아왔습니다. 그 후배들이 제 병문안을 와서 위로해 준 덕분에 큰 힘이 되었습니다.

지금도 가끔 후배들과 만나 회포를 풀곤 합니다. 어느 날 후배들이 저를 '히리 끼리 선생'이라고 부른다는 이야기를 들었습니다. 그 이유는 제가 보고서를 작성할 때, 표 제목을 너무 진하게 하지 말고 조금 연하게, 약간 '히리끼리' 하게 작성하라는 조언을 자주 했기 때문입니다. 그런 후배들은 어렵고 중요한 보고서를 만들 때마다 "히리끼리 선생은 이때 어떻게 할까?"라고 물어본다고 하더군요.

그동안 보고서를 잘 쓸 수 있는 지혜를 주신 하나님께 감사드리며, 아직도 저를 기억해 주는 후배들이 있어 정말 감사하다는 마음을 전하고 싶습니다.

정문 밖까지
배웅

2014년 12월 23일은 제 인생에서 잊을 수 없는 날입니다.

30여 년 동안 몸담았던 삼성에서 퇴직하고, 회사 정문을 걸어 나선 날이었기 때문입니다.

그날 오후, 관련 부서장들과 인사를 나누고 팀원들에게 일일이 작별 인사를 한 뒤, 몇 가지 소지품을 박스에 담아가지고 회사 밖으로 나왔습니다.

그때 후배들 몇 명이 제 짐을 대신 들고, 정문 밖까지 걸어 나와서 저를 배웅해 주었습니다.

그날, 제 아내는 정문 밖 버스 주차장에서 저를 태우기 위해 차를 가지고 왔었고, 멀어져 가는 저를 바라보며 손을 흔드는 후배들의 모습은 지금도 잊을 수 없습니다.

아내는 그 장면을 보며 이렇게 말하곤 했습니다.

"그동안 당신이 삼성을 위해 헌신한 시간이 헛되지 않았다는 자긍심을 느꼈다"고.

특히 그날 저녁, 마지막 송별회에서 사업기획 김 팀장님을 비롯한 다른 부서에서도 참석해 주셔서 석별의 정을 나누었습니다. 그들의 따뜻한 배려에 큰 감사의 마음을 전하고 싶습니다.

그동안 저를 신뢰하고 이끌어주신 임원, 팀장님들, 그리고 후배들 모두에게 이 자리를 빌려 진심으로 감사드리며, 저는 제 자신이 조직의 발전과 목표 달성을 위해 열심히 살아온 사람으로 기억되기를 소망합니다.

미 서부에
늦게 가다

삼성SDI에서 멕시코 프로젝트를 진행할 때, 프로젝트 멤버 중 대부분은 주말을 이용해 미 서부 여행을 다녀왔습니다. 그때 제 아내와 저는 일요일마다 샌디에이고에 있는 한인 교회에서 주일 예배에 참석하면서, 그런 여행의 기회를 놓칠 수밖에 없었습니다.

하지만 삼성에서 퇴직 후, 가장 먼저 준비한 일이 바로 미 서부 17박 19일 여행을 계획하고 실행하는 것이었습니다. 그동안 누리지는 못한 자유와 여행을 아내와 함께 즐기고자 했습니다.

주요 여행지는 아래와 같았습니다.

- 방문한 주: 캘리포니아, 네바다, 애리조나, 유타, 콜로라도
- 국립공원: 8곳 이상(자이언, 브라이스, 캐피톨리프, 아치스, 캐니언랜즈, 그랜드캐니언, 데스밸리, 모뉴먼트밸리 등)
- 도시/마을: LA, 라스베이거스, 모압, 텔루라이드, 세도나 등

사전 준비로 LA 공항에서 렌터카를 예약했지만, 멕시코 프로젝트 당시 물류 포워딩을 담당했던 진 사장님께서 남는 회사 차를 사용하라고 제안해 주셔서 그 차로 직접 운전을 하며 여행을 떠났습니다.

특히 그랜드캐니언과 브라이스캐니언 등 대자연의 협곡을 보며, 그 크기와 경이로움을 온몸으로 느낄 수 있었습니다. LA에 있는 게티 박물관에서 유럽의 중세 미술 작품들을 감상할 수 있다는 사실도 정말 놀라웠습니다. 그런 경험들은 정말 값진 시간이었죠.

삼성 퇴직 후, 아내와 첫 번째로 한 약속인 '매년 1회 해외여행'을 미 서부 여행으로 이행할 수 있게 되어 무엇보다 기뻤습니다. 이 여행은 저희에게 단순한 휴식 이상의 의미가 있었습니다.

참고로 이 여행의 여정을 상세히 기록했지만, 지면 관계상 그 모든 내용을 전하기는 어려운 점이 아쉬울 따름입니다. 시간이 되면 사진을 통해 그 멋진 풍경을 나누고 싶습니다. 그러나 사진으로 보는 그랜드캐니언도 멋지지만, "백문이 불여일견"이라는 말처럼 직접 그 장소를 경험해 보셔야 진정한 감동을 느낄 수 있습니다. 제 경험을 바탕으로 강력히 추천해 드립니다.

제10장

인생
제2라운드

:: 중소기업에서 2라운드를 시작하다
:: 2개월 동안의 화장실 청소
:: 이 일을 왜 하나요
:: 헝가리에서 중국 사천성으로
:: 애틀란타 CNN과 코카콜라
:: 코스닥 상장과 대주주
:: 임원의 역할
:: 회사에서 마지막 숙제
:: 인생의 버킷리스트
:: 선교사 30명 후원이라는 인생의 기도 제목

중소기업에서
2라운드를 시작하다

📎 삼성SDI에서 30여 년 동안 근무한 후, 2014년 12월에 퇴직하면서 인생의 새로운 장을 시작하게 되었습니다. 그 후 제2의 직장으로 선택한 곳은 유일에너테크였습니다. 사실, 유일에너테크는 제가 그 전에 전혀 알지 못했던 회사였지만, 삼성에서 갤럭시 워치용 이형 전지(3D 전지)용 설비 개발을 진행할 때, 라미네이션 공법을 적용할 설비업체를 찾던 중 알게 된 회사였습니다.

처음에는 이탈리아의 Manz사와 국내 신진엠텍을 검토했지만, 가격이 비싸고 향후 A/S 문제 등 여러 가지 이유로 더 좋은 대안을 찾고 있었습니다. 그러던 중 유일에너테크의 대표님이 신진엠텍 연구소장 출신으로 해당 기술을 보유하고 있다는 사실을 알게 되었고, 그로 인해 유일에너테크가 삼성의 공식 등록 설비업체가 되었습니다.

퇴직 후 저는 중국의 문화와 역사 공부를 위해 천진 지역 대학에서 유학을 가기로 결심하고 준비하고 있었지만, 유일에너테크에서 제게 입사 제의를 하게 되었습니다. 처음엔 중소기업에서 일하는 것에 대해 망설였지만, 최영봉 후배의 권유 회사 대표님과 만나게 되었고, 평생 동지로 살아가자는 그의 말에 힘을 얻어 2015년 2월, 유일에너테크 상무로 입사하게 되었습니다.

입사 당시 제가 제시한 조건은 꽤 명확했습니다.

보고서를 쓰지 않겠다고 했고, 회사 보증을 서지 않겠다고 했으며, 이전 직장에 나가 영업을 하지 않겠다는 조건이었습니다. 그리고 마지막으로 휴일 근무도 하지 않겠다고 했습니다.

그 조건들에 대한 회사 대표님의 이해와 합의 덕분에, 저는 유일에 너테크에서 제2의 직장생활을 시작할 수 있었습니다.

2개월 동안의
화장실 청소

✎ 제가 유일에너테크에 2015년 입사할 당시에는 회사를 방문해 보지 않고 천안 커피숍에서 입사 결정을 했기 때문에 정확한 회사 인프라 규모를 잘 알지 못했습니다.

동탄산업단지 내에 있는 임대 공장이었는데 연면적은 230평이고, 전체 인원은 16명, 그해 매출액은 46억 원이었습니다.

사내 식당 건물이 없었고 주차장 한쪽에 컨테이너를 빌려서 외부에서 조리를 해가지고 와서 배식만 하는 방식으로 식당이 운영되었습니다. 또한, 회의실이 한 개밖에 없어서 외부에서 고객이 오면 내부 회의는 할 수 없었고, 공장 규모가 작다 보니 화장실이 두 칸밖에 없어서 매일 아침마다 전쟁이었습니다. 특히, 청소하는 인력이 없다 보니 오염된 화장실에서 나는 악취와 사무실 먼지 등 환경이 너무 열악했습니다.

상황이 이러다 보니, SDI 후배들이 회사에 찾아오겠다고 연락이 오면, 이 모습을 도저히 보여줄 수 없어서 회사 밖에 있는 근처 커피숍에서 만나곤 했습니다.

그 당시에 여건을 당장 바꿀 수 없어서 제가 다른 직원보다 일찍 출근해서 화장실 청소를 2개월 정도 했습니다. 그리고 주 1회 사무실 청소하는 날짜를 정해서 자체 정리정돈 하는 일을 진위 신공장

이전 전까지 계속하였습니다.

　입사한 2월 초 추운 겨울에 혼자서 화장실 청소를 하면서 내가 이걸 하려고 삼성에서 퇴직했나 하는 자괴감과 회사의 문화를 바꾸려면 임원이 먼저 솔선수범해야 한다는 생각이 교차되어, 순간순간 많은 갈등의 시간을 보냈습니다만, 돌이켜 보면, 그 인고의 시간이 없었다면 현재의 저는 없었다고 생각됩니다.

이 일을
왜 하나요?

📝 유일에너테크에 입사해서 처음 담당 업무가 구매, 생산기술 총괄 임원이었습니다. 인원 구성은 구매팀 1명, 생산기술 5명이었는데, 구매 프로세스가 너무 이상해서 관련 담당자에게 2주간의 시간을 줄 테니 현재 업무 문제점과 개선 방안을 검토하라고 지시하였습니다.

지시 후 2주가 지나서 보고서를 보자고 하였더니, 딸랑 1매로 작성해서 보고하길래 무슨 보고서가 이 모양이냐, 아래와 같이 목차를 정해서 재작성하라고 지시했습니다.

- 보고서 작성 목적 및 검토 방향
- 현재 업무 프로세스상 문제점 및 개선 대책
- 개선 추진 일정 계획
- 관련 부서 협조 요청 사항

그리고 나서 1주일 후 구매 담당자가 찾아와서 본인은 15년간 생산관리, 구매 업무를 해왔는데, 지금까지 이런 보고서를 쓴 적도 없고, 이 일을 왜 해야 하는지 이유를 모르겠고, 보고서 양식을 어떻게 만들어야 할지 모르니까 저한테 양식을 만들어 주면 채우겠다고 말했습니다.

보고서 양식을 일곱 장 정도 만들어서 보내주니까 1주일 후에 몇 글자씩 적은 자료를 가지고 와서 제가 전체 수정해서 대표님께 구매 프로세스 개선 방안을 입사 2개월 정도 지나서 보고드렸고, 이후에 구매 인력 충원 및 품질조직을 신설해서 입고 검사 프로세스 및 계측기 확보 등의 후속 조치가 그해 9월경에 1차 마무리되었습니다.

헝가리에서
중국 사천성으로

📎 유일에 입사해서 4년 정도 지난, 2019년에 주요 고객사인 SKon에서 헝가리 코마롬 지역에 2차 전지 공장을 증설하게 되었습니다. 이에 따라 향후 C/S 업무를 진행할 법인 설립이 요구되어 제가 초대 법인장으로 내정되어 관련 업무를 진행하게 되었습니다.

법인정관 검토 및 은행 계좌 개설, 수출입 통관 인증, 법인 사무소 주소 등록, 주재원 대상자 비자 신청 등 제반업무를 ANW 컨설팅 회사와 마무리를 하고 호텔에 돌아와서 잠이 들었는데, 새벽 두 시경에 기술영업 이사로부터 긴급 전화가 왔습니다.

중국 사천성 성도시에 있는 화딩국련(社)*에 셋업차 나가있던 출장자 중에 1명이 사망하여 유가족으로부터 회사 대표자가 긴급 사고 수습차 출장을 오라는 연락이었습니다.

회사에서는 정 대표가 직접 갈 수 없어서 업무 총괄인 제가 가야

---

* 중국의 화딩국련(華鼎国聯)은 리튬이온 2차전지 제조를 전문으로 하는 기업으로, 전기차(EV) 및 에너지 저장 시스템(ESS)용 배터리 생산에 주력하고 있습니다.
   – 회사 개요
     · 정식 명칭: 화딩국련 사천 동력 배터리 유한회사 (Sichuan Huading Guolian Power Battery Co., Ltd.)
     · 설립 연도: 2017년
     · 본사 위치: 중국 사천성 청두시 청바이장구(유럽 산업도시)
     · 대표자: 펑밍취안(Peng Mingquan)
     · 직원 수: 약 500~1,000명 (챗봇 발췌)

한다고 해서 헝가리에서 폴란드로 이동하고, 인천공항에 내려서 속옷 등 간단한 여행 물품을 아내한테 공급받아서 중국 성도행 비행기에 탑승했습니다.

평소에도 술이 약하고 심장 질환이 있던 손 과장이 중국인들이 권하는 독한 백주를 과음해서 숙소에서 취침 중에 사망한 사고였는데, 이미 공안국에서 그날 회식 참석자 전원에 대한 참고인 조사는 완료된 상태이고, 시신을 인수받아서 한국으로 운송하는 절차만 남아있었고, 유가족들은 시신 보관 상태를 찍어서 한국으로 전송해 달라는 말을 하고 떠났다고 하였습니다.

그 당시 협력업체 직원이었던 김 대리와 같이 시신 보관소에 사진을 찍으러 갔는데 그 친구는 그 앞까지는 가고 보관소 안쪽은 안 들어가겠다고 해서 저 혼자 들어가서 시신 보관상태 사진을 찍어서 유가족에게 전송하였습니다.

제가 그동안 여러 국가를 다니면서 해외 건설 중에 수많은 설비 수출입 및 운송 통관 업무를 진행하였지만, 시신을 옮긴 일은 그때 처음이었습니다.

애틀랜타 CNN과 코카콜라

📝 유일에너테크의 주요 고객사인 SKon에서 SK Battery America라는 2차 전지업체를 미국 조지아주 Commerce County에 2019년부터 건설 착공해서 2021년부터 양산 가동을 하고 있습니다.

유일에서는 전체 12개 라인에 노칭기를 납품하여 향후 C/S 업무 대응을 위해 협력사인 대원정밀과 나이프 플러스와 함께 A/S 센터를 현지에 설치하는 것으로 검토 진행하였으나, 실제는 대원정밀에서 위탁받아 금호타이어 애틀랜타 주재원 출신 법인장이 운영하는 것으로 하였고, 유일은 별도 법인을 설립하여 사무실을 운영하고 있습니다.

미국 애틀랜타 시는 CNN 본사와 코카콜라 본사*가 있는 곳으로 유명하고, 조지아주는 도심에서 조금만 벗어나도 복숭아, 땅콩, 옥수

---

* 미국 조지아주 애틀랜타에는 CNN과 코카콜라의 본사가 위치해 있습니다.
  ① CNN 본사
    – 이전 위치: CNN 센터(One CNN Center, 190 Marietta St NW, Atlanta, GA 30303)
    – 현재 위치: 테크우드 캠퍼스(Techwood Campus, Midtown Atlanta)
    – CNN은 1987년부터 애틀랜타 다운타운의 CNN 센터를 본사로 사용해왔으나, 2023년 말까지 미드타운에 위치한 테크우드 캠퍼스로 이전하였습니다. 이전은 CNN의 본사가 애틀랜타에 계속 위치하고 있음을 의미합니다.
  ② 코카콜라 본사
    – 주소: One Coca-Cola Plaza, Atlanta, GA 30313
    – 설립 연도: 1979년
    – 특징: 29층 높이의 본사 타워로, 최근 최신 기술을 도입하여 업무 공간을 리노베이션하였으며, 1886년 애틀랜타에서 설립된 이후 현재까지 본사를 애틀랜타에 두고 있어서, 이는 회사의 깊은 지역적 뿌리를 반영합니다. (챗봇 발췌)

수, 블루베리(꿀) 등을 재배하는 전형적인 농업 기반의 주중의 하나입니다.

참고로 前 미국 39대 지미 카터 대통령의 땅콩 농장이 조지아 주에 있다고 합니다.

코스닥 상장과 대주주

📎 유일에너테크*는 2012년 4월에 창업하여 2021년 2월에 코스닥에 상장되었습니다. 제가 2015년 2월에 입사해서 6년 되던 해에 장비업종에서는 어렵다는 IPO의 문턱을 어렵게 넘은 것입니다.

본인 입사 시 조건은 회사 주식의 5% 지분을 받고 3년 이상 근무한다는 것이었는데, 이 조건을 채웠기에 상장의 열매를 거둘 수 있었다고 생각됩니다.

대기업 출신들이 중소기업에 들어가서 1년 이상 견디기 힘들다고

---

* 유일에너테크는 2012년 설립된 2차전지 제조 장비 전문 기업으로, 경기도 안성시에 본사를 두고 있습니다.
① 회사 개요
  - 설립일: 2012년 4월 5일
  - 대표이사: 정연길
  - 본사 주소: 경기도 안성시 원곡면 지문로 203-160
  - 직원 수: 약 167명(2024년 기준)
  - 자본금: 약 171억 원
  - 매출액: 약 586억 원(2024년 기준)
② 주요 사업 및 제품
  - 유일에너테크는 친환경 에너지 제조 장비를 중심으로 다양한 산업용 자동화 장비를 개발하고 있습니다.
  - 2차전지 제조 장비: 전기차 및 에너지 저장 시스템(ESS)용 배터리 조립 공정의 핵심 장비인 노칭기(Notching), 스태킹기(Stacking), 탭 용접기(Tab Welding)를 제작합니다.
  - 연료전지 및 태양광 전지 제조 장비: 수소 연료전지 및 태양광 전지 생산을 위한 장비를 개발합니다.
  - 산업용 자동화 장비: 반도체, OLED 디스플레이 등 다양한 산업 분야에 적용되는 자동화 장비를 제작합니다. (챗봇 발췌)

일반적으로 예기합니다. 대기업에서 중소기업으로 이직하면 대부분 임원급으로 자리를 주는데, 결국은 기존 인원들과 융합하는 과정과 대표이사와의 신뢰를 쌓아가는 시간이 필요합니다. 이 시기를 잘 극복할 수 있는 자기희생과 노력이 필요하다고 생각됩니다.

물론, 회사 구성원들의 사고방식과 DNA가 다르고, 근무 환경과 프로세스가 다르고, 무엇보다 급여 및 복리후생 등에서 차이가 나는 점에 대해서는 저도 같은 생각을 가지고 있습니다만, 여기에 너무 집착하면 나무가 뿌리를 내리기 전에 고사되는 것과 같이 조기 이직하게 되는 것입니다.

임원의 역할

회사 규모는 대표이사 그릇의 크기에 따라 결정된다고 합니다.

CEO는 회사 미래사업의 방향과 목표에 대한 비전을 제시하고 이를 이끌어 가는 것이 주요 역할이지만, 그 목표와 비전을 달성하기 위한 전략을 수립하고 실천을 리딩하는 것은 각 임원의 주된 역할입니다.

따라서 임원은 자신의 역할을 바로 알고, 방향을 정해주며, 제대로 의사 결정을 해야 합니다. 임원의 주요 역할을 정리하면 아래와 같습니다.

- 사업과 연계하여 비전과 전략을 수립하고 실행하도록 하며
- 길고 멀리 보며, 전략적 의사 결정을 해야 합니다.
- 정도 경영을 해야 하며, 악착같은 솔선수범으로 성과를 창출하고
- 대내외 네트워크를 활용하여 회사의 이미지 제고를 강화하며
- 자율을 기반으로 조직과 구성원의 역량을 강화해야 합니다.

  또한, 임원이 가져야 할 관리 능력은 아래와 같습니다.

- 기획 능력
- 네트워크 형성 능력
- 전략 형성 능력

- 의사 결정 능력
- 판단 능력
- 목표 관리 능력
- 커뮤니케이션 능력
- 부하육성 능력
- 동기부여 및 지도 능력
- 문제 해결 능력
- 통솔 능력

추가로 임원이 갖추어야 할 업무 자세로는 조직에 대한 충성심과 희생정신입니다.

눈앞에 바로 보이는 본인의 욕심을 채우기보다는 회사가 가고자 하는 전체 방향에 부응하고, 이를 달성하기 위해 부서원들과 끊임없이 소통하고 고민해서 문제를 해결해 나가는 것이 임원의 자세라고 생각됩니다.*

---

* 본 내용은 유일에너테크의 경영 고문으로 3년간 수고하셨던 이 고문님의 지도 내용 중 일부를 발췌해서 본인 생각을 추가하였습니다.

회사에서
마지막 숙제

유일에너테크에 입사해서 본인이 구축한 주요 인프라는 평택 진위공장(960평) 건설과 현재 위치한 안성 본사 건설(6,500평)을 통해 회사의 하드적인 외형을 확장하였고, ERP 시스템을 구축하여 소프트적인 업무 프로세스를 구축했습니다.

2015년에 입사해서 10년 세월이 흐른 현시점에서 회사의 전체 규모를 보면 괄목할 만한 양적 성장의 기틀을 마련되었다고 보지만, 내실 있는 경영이 이루어졌다고 볼 수는 없습니다.

- 인원 규모: 16명 → 167명 (↑ 10.4배)
- 연 매출액: 46억 → 586억 (↑ 12.7배)
- 자본금: 0.5억 → 171억 (↑ 342배)
- 공장 면적: 230평 → 6,500평(↑ 28.2배)

그동안 유일 정 대표님과 약속했던, 상장 후 5년간 근무 만기가 2026년 1월에 도래하는 만큼, 이 약속을 지키기 위해 유일에서의 그동안 직장생활을 마무리 하려고 금년 초 시무식이 끝나고 임원 차담회 석상에서 본인의 거취를 밝힌 상태이며, 이제 남은 기간에 후배 임원들을 지도하는 역할을 맡게 되었습니다.

이에 따라, 주요 중역이 교육 강사로 편성하여 격월제로 임원 교육 계획을 수립하여 진행하고 있습니다.

- 임원 역할 및 업무 역량 강화 : 2월 (COO)
- 전지 기초 기술 교육 : 4월 (연구소장)
- 레이저 기초 기술 : 6월 (연구 2본부장)
- 재무회계 기초 교육 : 8월 (CFO)
- 무역 기초 교육 : 10월 (COO)

인생의
버킷리스트

✎ 60대 중반의 나이에 이제 막 접어들면서 인생의 버킷리스트*를 거론하는 것 자체가 부적절해 보이기는 합니다만, 은퇴를 10개월 남짓한 현재 시점에서 '앞으로 남은 인생을 어떻게 살아갈 것인가?'라는 질문을 자신에게 던져봅니다.

여객기 기장이 이착륙할 때는 관제탑과의 교신, 공항 주변의 기상 상황, 제반 여건을 고려해서 긴장의 끈을 늦추지 않지만, 랜딩 기어

---

* '버킷리스트(Bucket List)'란 죽기 전에 꼭 해보고 싶은 일이나 이루고 싶은 목표들을 적은 목록을 의미합니다. 이 단어는 영어 표현 **'kick the bucket(죽다)'**에서 유래했습니다. 즉, '죽기 전에 하고 싶은 것들'이라는 의미로 쓰이죠.

① 버킷리스트에 자주 등장하는 예시
  - 세계 여행 떠나기
  - 스카이다이빙 도전하기
  - 책 출간하기
  - 북극 오로라 보기
  - 꿈의 직업 도전해 보기
  - 부모님과 해외여행 가기
  - 기타 배우기
  - 마라톤 완주하기
  - 유명 레스토랑 미슐랭 요리 먹어보기

② 버킷리스트 만드는 방법
  - 마음속 깊이 바라는 일 떠올리기
  - 작은 꿈부터 큰 꿈까지 다양하게 적기
  - 우선순위 정하기
  - 구체적인 목표로 바꾸기(언제, 어디서, 어떻게)
  - 하나씩 실천하며 체크하기

③ 버킷리스트는 단순한 목록이 아니라, 삶의 방향과 동기를 주는 도구입니다. (챗봇 발췌)

를 접고 일정한 비행고도에 올라가서 자동항법장치(Autopilot)로 전환하면, 비상 상황이 일어나지 않는 한 편안하게 운항하는 것으로 알고 있습니다.

인생 여정의 항로도 마찬가지로, 삶의 목표나 지향점이 있어야 그것이 비록 자신보다 이전의 삶을 살았던 성현이나 호국열사처럼 고결하고 위대하지 않을지라도 방향 감각을 잃지 않고 사는 방법이라고 제 나름대로 생각하고 있습니다.

물론, 사람은 각자의 처한 형편과 가치관을 가지고 살아가는데, 저의 경우는 삼성에서 퇴직 전에 40가지 1차 버킷리스트를 만들었고, 이를 2022년 2월에 수정해서 '내가 하고 싶은 것 22가지', '갖고 싶은 것 12가지', '남기고 싶은 것 3가지'로 정리했습니다.

아주 소박한 것도 있고, 노력이 필요한 것도 있지만, 혹시 독자분께서 아직까지 정리가 안 되셨다면, 본인 사례를 참조해서 작성해 보시기를 권면합니다.

내가 하고 싶은 것 22가지

1. 숲속 통나무 집에서 힐링하기 (○)
2. 조그만 텃밭 가꾸기 (×)
3. 작은 연못에서 토종 물고기 키우기 (×)
4. 분재 키우기 (×)
5. 클래식 기타 배우기 (×)
6. 라인 기획 백서를 정리해서 책으로 발간하기 (×)
7. 독자에게 웃음과 감동을 주는 자서전 쓰기 (△)

8. 골프 싱글핸디 달성하기 (O)

9. 외딴섬에 가서 낚시하기 (×)

10. 장작 패서 페치카 불피우기 (×)

11. 붓글씨 쓰기 (△)

12. 바이올린 연주하기 (×)

13. 선교사 30명 이상 후원하기 (△)

14. 시골 교회에 물질 후원하면서 찬양 간증하기 (×)

15. 작은 공방에서 구리 공예품 만들기 (×)

16. 해외여행 1년에 한 번 이상 가기 (O)

17. 크루즈 타고 여행하면서 석양 바라보기 (△)

18. 친구들 만나서 저녁 먹고 추억 나누고 노래 부르기 (O)

19. 고향 한서울 뒷산에 올라가서 멀리 동진강 바라보기 (O)

20. 고향 초등학교 친구 대찬이 만나서 옛날 추억 얘기하기 (O)

21. CAD 도면을 그릴 수 있는 능력 확보하기 (×)

22. 좋은 인상을 주기 위해 이마, 미간에 주름 펴기 (×)

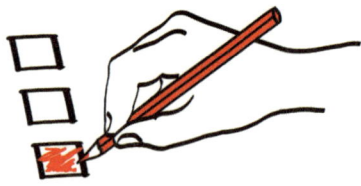

내가 갖고 싶은 것 12가지

1. 벤츠 승용차 (O)
2. 혼마 골프 아이언 세트 (O)
3. 은퇴 후 개인 취미, 작업실, 만남의 공간 오피스텔 (X)
4. 석류나무 열매 맺은 분재 (X)
5. 2동탄에 거주할 수 있는 아파트 구입 (O)
6. 기흥CC 회원권 (X)
7. 월세 1천만 원 나오는 건물 (X)
8. 국민연금 200만 원/월 이상 받는 것 (O)
9. 회사 안에 별도 사무실 (O)
10. 회사 안에 별도 캡슐형 커피머신 (O)
11. 클래식 기타 (X)
12. 인터넷 겸용 TV (O)

내가 남기고 싶은 것 3가지

1. 후배들에게 인생을 열심히, 행복하게 살다간 선배로서 이름 석 자
2. 유일에너테크 안성 신공장 머릿돌에 이름 새겨지는 것
3. 책 2권 (라인기획백서, 자서전)

선교사 30명 후원이라는 인생의
기도 제목

제가 LA 은혜한인교회에서 운영하는 영성훈련 프로그램, 그레이스 트레스 디아스(Grace Tres Dias, 이하 GTD)에 91기로 참석한 이후, 제 마음속에 한 가지 기도 제목이 생겼습니다. 세계 선교를 위해 직접 선교지로 나갈 수는 없지만, 선교사 30명 이상을 매달 정기적으로 후원하겠다는 인생의 목표였습니다.

이 결단은 단순한 다짐에 그치지 않고 실제로 삶의 우선순위가 되었습니다. 현재는 11명의 선교사님을 후원하고 있으며, 급여가 들어오는 주일마다 예배에 참석하여 교회를 통해 십일조와 함께 선교 헌금을 드리고 있습니다.

또한 유니세프와 심장병 어린이 재단에도 약 20년 전부터 소액이지만 지속적인 후원을 이어가고 있습니다. 저는 기업의 대표도 아니고, 내년 2월에는 지금의 직장에서 퇴직을 앞두고 있습니다. 그럼에도 불구하고 이 기도의 제목은 반드시 이루어질 것이라 믿습니다. 주님께서 역사하신다면, 반드시 필요한 손길과 재정을 붙여주실 것이라 확신합니다.

제가 이 땅에 남아있는 시간 동안 이루고 싶은 소망이 있다면, 바로 이 '선교사 30명 후원'의 약속을 완성하는 것입니다.

2025년 현재 후원 중인 선교사 및 기관

1. 필리핀 – 박용대 선교사
2. 파라과이 – 홍사순 선교사
3. 대만 – 김윤희 선교사
4. 크로아티아 – 박정한 선교사
5. 우간다 – 이호영 선교사
6. 키르기스스탄 – 조용진 선교사
7. 인도 – 씽 목사(현지 목회자)
8. 캄보디아 – 김인경 선교사
9. 베트남 – 정영모 선교사
10. 태국 – 구충회 선교사
11. 케냐 – 조규보 선교사
12. 유니세프
13. 심장병 어린이 재단

제11장

자작시

한서울

2022년 3월 19일

앞에는 동진강, 옆에 염병산 자락으로 둘러싸인 곳
고라실 논들이 눈앞에 펼쳐진 곳
쌍둥이 동생하고 탯줄을 달고 태어난 곳
엄마 젖꼭지를 서로 빨려고 다툼이 있던 곳
동네 친구 춘자, 미영이와 벌거벗고 멱을 감던 곳

비 오는 날 개울에서 검정 고무신 잃어버린 곳
수박 서리하다 들통 나서 엉덩이 맞던 곳
남의 집 단감 따다 감나무에 묶였던 곳
염전 수로 구멍에서 맨손으로 망둥어 잡던 곳
쥐덫 틀에 나락 끼워 참새 잡던 곳

이제 남의 것 된 집터와 텃밭을 두고 후회하는 곳
유골들은 납골당 가고 흔적만 남은 선산이 있는 곳
내 곁을 일찍 떠난 불알 친구들의 숨결만 남아 있는 곳

피붙이들은 아무도 살지 않아 가고 싶어도 갈 수 없는 곳

그리고 추억과 향수로 어우러진 곳

그때의 나를 품고, 오늘을 살아가는, 늙은 소년이 된 나의 이야기

에필로그

📎 제가 살아온 날들은 불혹(不惑)과 지천명(知天命)을 지나, 어느덧 이순(耳順) 중반을 넘어선 시간 위에 서있습니다. 한서울의 개구쟁이 소년이 인생의 반환점을 돌아 어느덧 내리막길에 들어섰다는 사실이, 믿기지 않으면서도 묘하게 평안합니다.

5대째 종손 집안의 6남매 장남으로 태어나, 어렵고 궁핍한 환경 속에서도 제 나름대로는 열심히 살아왔다고 자부합니다.

비록 국가나 사회에 뚜렷한 족적을 남기지는 못했지만, 이처럼 부족한 기록을 끝까지 읽어주신 독자 여러분께 진심으로 감사드립니다.

저와 같은 시대, 농촌에서 자라난 분들의 삶도 아마 크게 다르지 않았으리라 생각합니다. 그렇기에 이 쉽지 않은 여정에 공감해주시는 분이 계시리라 믿습니다.

낯설고 물설은 부산에서의 객지 생활, 신불산 아래에서 맺은 첫 사회 친구들과의 우정,

철원에서 폭설과 칼바람 속에 쌓아 올린 전우애,

그리고 천진, 멕시코, 헝가리, 독일, 애틀랜타 등지에서 만나고 헤어졌던 수많은 인연들,

돌이켜보면, 모두가 한 편의 인생 드라마였습니다.

특히 30여 년의 청춘을 바친 삼성에서 퇴직하던 날.

정문 앞까지 배웅 나와, 멀어져가는 제 뒷모습을 향해 손을 흔들어 주던 후배들의 모습은 지금도 제 기억 속에 선명하게 남아있어, 그리움과 함께 코끝을 찡하게 만듭니다.

삼성을 떠나 유일에너테크에서 인생의 제2라운드를 시작한 지도 어느덧 10년.

이제 내년이면 이곳을 떠나, 또다시 새로운 길을 향해 나아갑니다.

대기업이 울타리 촘촘한 도심이라면, 중소기업은 모든 것이 부족한 광야 같았습니다. 그러나 그 광야에서도 저는, 배우고 견디며 또 하나의 삶을 걸었습니다.

이제는 그 여정을 마무리하며, 인생의 제3라운드를 준비하려 합니다.

그동안 시간에 쫓겨 미뤄뒀던 버킷리스트를 실현하고, 30명 이상의 해외 선교사들을 돕는 일에 힘쓰며, 해외 공장을 건설하며 얻은 경험을 정리해 '라인 기획 백서'로 남겨 후배들에게 보탬이 되고자 합니다.

이 글을 읽는 동안, 당신이 잠시라도 미소 지었다면,

혹은 저의 방황과 실패 속에서 작은 위로를 받으셨다면,

그것만으로 저는 충분히 행복합니다.

이 책을 덮는 순간이 끝이 아닌, 당신의 이야기가 시작되는 순간이기를 바랍니다.

끝으로, 저의 삶에 동행해 준 인생의 반려자 김선미에게, 그리고 함께 웃고 울었던 친구와 동료들에게 고마움을 전할 수 있어 진심으로 행복합니다. 이 모든 여정이 가능했던 것은, 곁에서 함께 걸어준

여러분 덕분이었습니다.

  그리고 마지막으로, 이 자서전을 쓸 용기를 주시고, 기억을 되살려 주시며, 지혜를 주신 주님께 감사와 영광을 올립니다.

2025년 4월 30일
전호춘 올림

人生 살아보니 뭐 있나요?

펴 낸 날 2025년 7월 18일

지 은 이   전호춘
펴 낸 이   이기성
기획편집   이지희, 서해주, 김정훈, 최인용
표지디자인 이지희
책임마케팅 강보현, 이수영
펴 낸 곳   도서출판 생각의뜰
출판등록   제 2018-000288호
주   소   경기도 고양시 덕양구 청초로 66, 덕은리버워크 B동 1708, 1709호
전   화   02-325-5100
팩   스   02-325-5101
이 메 일   bookmain@think-book.com

- 생각의 뜰은 도서출판 생각나눔의 자서전 브랜드입니다.

- 책값은 표지 뒷면에 표기되어 있습니다.
  ISBN   979-11-7048-899-6(03810)

Copyright ⓒ 2025 by 전호춘 All rights reserved.
· 이 책은 저작권법에 따라 보호받는 저작물이므로 무단전재와 복제를 금지합니다.
· 잘못된 책은 구입하신 곳에서 바꾸어 드립니다.